唯物論と現代

2023.12　No.68

JN091147

現代社会の政治とイデオロギー

論　文

読書ノート

書　評

編集後記

論文

ロシアから見たウクライナ戦争
――不凍港を取り戻したいロシア――

安木新一郎

一　問題提起

資本主義の発展のためには、国内市場と海上交易網をつなげることが重要である。ロシアは不凍港を求めていわゆる「南下政策」をつづけ、クリミア半島を含む黒海北岸をオスマン帝国から、日本海岸を清朝から奪取した。第二次世界大戦の過程でバルト三国を併合し、ドイツからケーニヒスベルク（カリーニングラード）を取ってバルト海の港湾を得た。また、日本から千島・樺太を奪って西太平洋への出口を確保した。

一九九一年十二月にソ連が解体され、ロシアはリガ、タリン、オデッサなど、重要な港湾を失った。プーチン大統領は、バルト海にウルチ・ルーガ港、日本海にコジミノ港などを建設していったが、港湾開発が順調だとはとても言えない。

二〇一四年にウクライナで親米政権が生まれると、ロシアはクリミアに侵攻し、セヴァストポリ港を保持しようとした。クリミアへの補給線が細すぎるので、ケルチ海峡に橋を架けたが、十分ではなかった。

二〇二二年二月からウクライナに全面攻撃をしかけたが、計画通りにはいかず、キエフを落とせずに長期戦に陥った。プーチン大統領はクリミアへの補給線を確保するため、北コーカサスの港の整備だけでなく、「ノヴォロシア」（新ロシア）、すなわち、ルガンスク、ドネツク、ザポロジェ、ヘルソンを併合し、ロシア本土とクリミア半島を陸路でつなぐことにした。

以下では、経済発展のために海港を得ようとして、戦端を開き、国際社会から孤立し、経済制裁を受けるという、プーチン政権の矛盾した政策の背景について考えることにしたい。

地政学的観点から、ロシアのような大陸国家がリムランドに進出することは宿命だと論じられることもある。しかしながら、ロシアの先祖にあたるジョチ・ウルス（キプチャク・ハン国）は海洋国家との連携を重視した。今こそロシアは歴史から学ぶ必要があるだろう。

二　ソ連解体とロシアのエリート

一九八五年三月にゴルバチョフ書記長（当時）がソ連の最高指導者となり、ペレストロイカが進められた。一九八八年にソ連はＩＭＦ（国際通貨基金）と世界銀行への加盟を打診し、一九八九年九月の国連総会で加盟の意向を表明した。ソ連における民主主義化と急進的な市場経済改革に協力するとして、一九九〇年Ｇ７ヒューストン・サミットで、Ｇ７首脳は、ＩＭＦ、世界銀行、ＯＥＣＤ（経済協力開発機構）、ＥＢＲＤ（欧州復興開発銀行）に対し、「ソ連経済調査・勧告書」の作成を要請した(1)。

一九九〇年十二月に「ソ連経済調査・勧告書」がブッシュ米大統領（当時）に提出された。同文書では、すでに十五のソ連構成共和国すべてが独立あるいは主権宣言をおこなったが、共通通貨による経済圏の統一の維持が必要だと指摘した。そして、各共和国のロシアに対する貿易依存度が高いので、国際価格で取引がおこなわれるとロシアだけが貿易黒字なると予想していた。いいかえると、旧ソ連経済圏を維持するためには、ロシアから他の共和国への貸付や援助が必要であることが示された。

一九九一年八月のいわゆる保守派のクーデターにより、ゴルバチョフ大統領（当時）の権威は失われ、エリツィンが権力を握ると、ソ連の解体が決定的となった。ロシア、ウクライナ、ベラルーシの代表者がベロヴェーシの森に集まり、それぞれ独立国家となることを決めた(2)。ソ連共産党という唯一無二の敵が事実上いなくなった後、ウクライナでは民族主義が広まった。これに対して、ベラルーシは一時的には別れたが、まもなくロシアに併合されることを望むようになった(3)。

一九九一年九月～十月、ガイダル元首相代行が作成した「ロシア経済改革第一次案」には、新ロシア・ルーブルの導入が含まれていた。新ルーブルの導入は、各共和国と取引しているロシア企業にとって有利だと考えられていたが、ソ連解体反対派は、共通通貨の消滅を拒否した。また、構成共和国から見ると、ルーブル圏にとどまれば、ロシアからの安価なエネルギー供給と支払猶予等の貿易金融上の恩恵、事実上のロシアからの補助金が受けられるという期待があったので、バルト三国とウクライナ以外は独自通貨の導入について態度を明らかにしなかった(4)。

ウクライナがソ連ルーブルを廃貨にしたことは、ソ連ルーブル現金が大量にロシアへ還流し、インフレが加速することを意味した。また、インフレ率を抑えるため、ロシア中央銀行が紙幣の発行高を制限したことも、各国のロシア金融当局への不信感を増幅させ、ルーブル圏の解体は決定的となった。

しかしながら、一九九二年一月以降の現金不足の最中でも、ベラルーシ、アゼルバイジャン、モルドバでは代用通貨を印刷するなど、ルーブル流通を維持しようとした(5)。これに対してロシアは、一九九三年七月に突如、ロシア・ルーブルの発行を開始し、むりやりルーブル圏を解体した。結果的に、一九九五年までに旧ソ連構成共和国すべてが独自通貨を持つことになった。

ロシアのエリートの一部は、ＩＭＦ等西側の勧告もあって、ソ連の維持はロシアにとって不利であると認識していた。実際、一九九二年一月から自由主義的経済改革をはじめたロシアはルーブル圏の解体を目指した。ウクライナは自らの意思で独立したが、ベラルーシとモルドバはいわばむりやり独立を押し付けられた上で、ロシアとＥＵ・ＮＡＴＯとのあいだの緩衝地帯になってしまったのである。ちょうど極東における北朝鮮と同じ状態だといえるが、ウクライナ、ベラルーシ、モルドバは欧州の貧困地帯になっている。

ゴルバチョフを含め、ロシアのエリートの中には、ロシアを含む旧ソ連構成共和国がすべて「欧州共通の家」に入る、すなわち、民主主義と市場経済の国になれば、ソ連時代のように国境は単なる行政区分になるだろうと楽観的に考える者もいた。ところが、急進的な市場経済化をおこなっても権威主義的体制は変化しなかったし、あいかわらず「西側」は「東側」を異質なものとみなして冷戦期の構造を変化させようとしなかった。

ロシアの民衆はソ連の解体を西側の策略だと思い込んだ。ウクライナに譲ってしまったクリミア半島には黒海艦隊がいるので、クリミアだけは渡したくないとする軍の意見に対し、エリツィンはあいまいな態度をとりつづけ、セヴァストポリの租借が決まってからも、クリミアはロシア領だという主張を取り下げない人々が残りつづけた。ロシアにとって重荷になる旧ソ連構成共和国を切り離すことに、エリツィン政権は邁進したが、広大な領土を失うという屈辱的な政治的判断を自らの手でおこなったことをなるべく隠した。支持率のこれ以上の下落を押しと止めなければならなかったからである。

三　プーチン政権の課題としての港湾

一九九一年、ソ連共産党の下部組織であった軍、内務省、国家保安機関は、最高権力者を失い、誰を誰から守ればいいのか分からなくなり、混乱していった[6]。KGBの要員として東ドイツにいたプーチン大統領は、失意の下、故郷レニングラードに戻らざるを得なかった。

十年後の二〇〇〇年にロシアの最高権力者となったプーチン大統領にとって、赤軍そのものといっていいロシア連邦軍は敵性勢力である。自分の出身母体である内務省は、ソ連時代から引き続き軍の監視者である。エリツィン政権は軍の弱体化に力を入れてきたが、軍を弱めたことで、NATO（北大西洋条約機構）に対抗できなくなった。すでに一九九九年のセルビア紛争の時点で、通常戦力ではロシアはNATOの敵ではないことがわかっていた[7]。

プーチン政権は二〇一〇年の軍事ドクトリンにおいて、NATOとの戦争では核兵器の使用が必要不可欠であり、無駄な人員を減らして、軍の装備の近代化に取り組むことを明記した。赤軍の残滓をなるべく削り、陸軍に頼らない新しい国軍を創ろうということである。

プーチン大統領が取り組んだのは、東地中海への進出、極東におけるロケット基地と航空機産業の復興[8]、最先端技術の国内製造・開発、コサックや民間軍事会社などの非正規兵団の創設である[9]。すなわち、海軍力の拡大と、ミサイル開発、陸軍以外の軍事力の増強に重点が置かれた。こうした取り組みのためには資金が必要で、原油・天然ガスの輸出を増やすためにパイプラインを敷設し、LNG（液化天然ガス）関連技術を西側から奪った。また、外国から原材料や機械・設備を輸入するために、コンテナ取り扱いができる大規模な港湾が必要だった。

ところが、ロシアには海港があまりなかった。バルト海の港の多くはいわゆるバルト三国にあり、ソ連時代の貨物取り扱いの八割はリガなどで、サンクトペテルブルクは手狭だった。そこでサンクトペテルブルクから一三〇キロ離れたウスチ・ルーガに港を作ったが、規模を大きくできないでいる(10)。

プーチン大統領は就任直後から、「東方シフト」を政策課題として掲げており、ウラジオストクから車で東に二時間半のところにあるナホトカに、コジミノ石油港を作った(11)。また、周辺の船舶修理工場に投資し、韓国企業・旧大宇造船海洋などを呼び込み、太平洋への出口を広げようとした。二〇一二年にはウラジオストクでAPEC（環太平洋経済協力）サミットを開催した。その後も、「東方経済フォーラム」を毎年開いている。

ところが、ウラジオストク港は小規模な港で、日本から中古車を輸入して(12)、中国に石炭を輸出するのが主である。ウラジオストクよりも良港であるナホトカには、一九七三年に日本が整備したヴォストチヌィ・コンテナターミナルがあるが、有効活用できていない。

ウラジオストクとペトロパブロフスク・カムチャツキーのあいだのシーレーンの確保のため、千島、樺太、カムチャツカ、マガダン、つまりオホーツク海を統治しているが、中央からの補助金で百万人を生活させている(13)。オホーツク海沿岸部は原油、ガス、石炭、金、そして海産物に恵まれているが、開発は停滞している。

北極圏のヤマロネネツ自治管区で生産されるLNGを東アジアで売るために、LNG積替港をペトロパブロフスク・カムチャツキー周辺に作る計画で、第二次安倍政権が支援をしようとしていたが(14)、二〇二二年のウクライナ戦争と安倍晋三氏の暗殺により計画はとん挫した。

北西太平洋からハワイを攻撃するためには、千島やカムチャツカに艦隊の集結地が必要となる。一九四一年十二月の真珠湾攻撃における連合艦隊の集結地は、択捉島の単冠湾だった。ソ連時代、まともな開発ができず、今でもつづく長距離ミサイルの着弾実験場でしかなかったカムチャツカは、原子力潜水艦の寄港地として重要度を増していった。ペトロパブロフスク・カムチャツキーやヴィリュチンスクといった港を抱えるアヴァチャ湾に、日本が出資してLNG積基地を建設することは、ロシア太平洋艦隊が米第七艦隊を攻撃する上できわめて重要な拠点を日本が整備し発展させることを意味した。日本の経済産業省や総合商社の中に、ロシアと組んで対米従属状態から脱しようと画策する者がいるのか、それとも経済的利益のみを求めて米海軍ののど元を狙うことになる「日ロ経済協力」を推し進めたのかは、今後明らかにしなければならないだろう。

ロシア最大の港は、黒海のノヴォロシースクである。また、ロシアにとってもっとも重要な軍港はクリミア半島のセヴァストポリにある。ソ連時代、黒海で主要な港だったオデッサはウクライナ領になったが、セヴァストポリは租借していた。

シリア内戦に乗じてラタキアに軍港を持つことができ、黒海と東地中海の制圧を隠そうとしなくなった。EU加盟国ではあるが、ロシアとの関係の深いギリシャ系住民が多数を占めるキプロスは、ロシアの資本逃避先であり、人口の一割がロシア語話者の移住者となっている。(15) ウクライナ戦争前、イスラエルの右派ネタニヤフ首相は、毎月のようにモスクワに詣でていた。ネタニヤフ首相も含め、イスラエルにはロシア・旧ソ連出身者とその子孫が多い。

二〇一四年にウクライナで親米・親EU政権ができると、ロシアはクリミア半島を軍事的に占領した。クリミアを失えば、東地中海とのシーレーンが寸断されてしまう。クリミアを占領してみてわかったことは、海上輸送してみても、ケルチ海峡に橋をかけてつなげてみても、補給路としては細すぎるということである。一方、ウクライナはバフムートをはじめとしたロシアとの国境地帯に要塞を築き、休暇中の米英兵が義勇軍に参加する形で、軍備を増強した。

二〇二二年二月にキエフ攻略に失敗し、ウクライナに傀儡政権を樹立することができなくなったので、「ノヴォロシア」を取り戻すと称して、ルガンスク、ドネツク、ザポロジェ、ヘルソンの四つの州を占領し、ロシア本土とクリミアを陸路でつなげたのだった。

以上見てきたように、ロシアの経済発展には港が必要だが、その多くがソ連解体によって失われ、ウスチ・ルーガやナホトカなどの新規開発はうまくいかなった。太平洋に出ようにも、軍事費や社会保障費ばかり嵩んだ。カムチャツカの開発に安倍政権を利用しようとしたが失敗した。クリミアを抑えて黒海・東地中海のシーレーンを維持しようとしたが、予想外なことに、「特別軍事作戦」ではキエフを落とすことができず失敗し、巨額の軍事費を逐次投じることになってしまった。

四　ジョチ・ウルス

ロシア・旧ソ連はモンゴル帝国の解体後に形成された。現在のウクライナ、ベラルーシ、ロシアの欧州部を支配したジョチ・ウルス（キプチャク・ハン国）の港湾と対外貿易に関する政策は、ロシア・旧ソ連とは真逆だった。

一二〇六年にモンゴル帝国の成立を宣言したチンギス・カンは、一二〇七年に長男ジョチに軍を与えてシベリアに送り出した。これ以降、ジョチと彼の子孫はユーラシアの北西部に進出していった。

太宗ウゲデイ・カアンは、一二三六年から現在のカザフスタンからドナウ河口に広がるキプチャク草原に遠征軍を送り、ジョチの次男バトが軍を率いた。この戦役の結果、モンゴル帝国はカザフスタンからロシア・ウクライナを経てクロアチアまで服属させた。

バトはヴォルガ河下流域を遊牧地とし、黒海北岸から中国に至る商業路を整備していった。こうした中、ジェノヴァをはじめとするイタリア海洋都市国家の商人が黒海、カスピ海に進出していった。一二六一年のビザンツ皇帝ミカエル八世によるコンスタンティノープル復帰後、一二六九年にジェノヴァはクリミア半島南部のカッファに居留地を建設した。

クリミア半島の最北端の東部沿岸は腐海と呼ばれ、天然の塩田が広がり、ジョチ・ウルスの重要な収入源になった。クリミア半島の中央部には草原が広がり、遊牧民が生活し、遊牧地の真ん中にクリムという都市をおいた。クリミア半島南部沿岸にはクリミア・ゴート人という先住民やギリシャ人が住み、また、ジェノヴァやヴェネツィアの商人が訪れていた。イタリア商人にとってクリミアは、塩、塩漬けの魚、小麦、毛皮、奴隷などを手に入れることができる交易拠点だが、モンゴル統治下で絹をはじめとする東方の産物を買うことができるようになり、重要度がますます高くなった。

一二六九年にジェノヴァがビザンツ帝国から、カッファに居留地を置いてマムルーク朝に奴隷を輸出する権利を得たのも、ジョチ・ウルスの認可があったからだと考えられる。

カッファはビザンツ帝国領であるが、モンゴルの版図にも含まれ、実際にはジェノヴァが支配するという、現代人から見ると複雑な都市だった。とはいえ、こうしたどの国に属するかよく分からない交易拠点というのは歴史上しばしば見られる。例えば、中世の朝鮮半島南部の三浦(17)や、島津藩と清朝に両属した琉球王国など、国民国家の成立以前はどちらのものでもないような境界領域があった。

遊牧民の国家であるジョチ・ウルスは、苦手な海の港湾と航路の確保を、オルトク（仲間、御用商人の意）であるイタリア海洋都市国家に丸投げしたといっていい。

ロシア帝国は、モンゴル的な境界領域の存在と多民族共生社会の存在を否定した。十八世紀にクリミア・ハン国を滅ぼしたエカチェリーナ二世はクリミア・ゴート人を消滅させ、二十世紀にはスターリンによりクリミア・タタール人など先住民を中央アジアに強制移住させ、繰り返し民族浄化をおこなった。ロシア・旧ソ連は「諸民族の牢獄」である。

五　ロシアの縮小の必然性

プーチン大統領から見ると、一九九一年にソ連を解体したことで失われた港を取り戻す必要があった。しかしながら、軍事的失敗により財政破綻状態に陥り、ロシアそのものの存続が危ぶまれる事態になっている。

一九九一年と同じく、モスクワのエリートにとって負担だった旧ソ連構成十四共和国を独立させたのと同じく、今回もロシア自体の破滅を避けるためには、余計な部分をそぎ落とさないといけない。この余計な部分の代表が、シーレーンである。もはや戦後のロシアに黒海艦隊と太平洋艦隊を維持することはできないだろう。

黒海を保有するためには延々と欧米と戦わねばならない。また、温暖化し北極海が冬季も航行可能になれば、北極海沿岸の防衛もしなければならず、ロシアの軍事費はもっと増加せざるを得ない。

ロシア経済にとって死活問題と言える新規の油田・ガス田は北極圏あるいは北極海の海底にある。それゆえ、少なくともバレンツ海からタイミル半島沿岸までは保持する必要があるが、エニセイ河口以東からベーリング海峡を経てオホーツク海・日本海に至る沿岸に原子力潜水艦の基地を確保・維持する予算はないだろう。

ヤマロネネツ自治管区、ハンティ・マンシ自治管区、チュメニ州などの原油・天然ガス産出地域とその周辺部を確保しつつ、これまで通りドイツ、フランス、日本などの投資を受け入れることが最優先される。

ウクライナ戦争後のロシアにとって、黒海の重要性はこれまでに比べ格段に落ちると思われる。歴史的にも地政学的にも、ロシアが北コーカサスを征服し統治してきたのは、黒海北岸を維持するためだった。それゆえ、黒海を失ったロシアは、ムスリムが多い北コーカサスの少数民族共和国を支配する能力と意思を喪失する。伝統的にロシアに依存してきた、ジョージアのアブハズ人、アゼルバイジャンのレズギン人とアルメニア人、コーカサスをまたいで居住する正教徒のオセット人、そしてチェチェン人などが弱体化し、各民族が国境線の引き直しを求めて紛争は激化すると予想される。実際、アゼルバイジャンはナゴルノカラバフをアルメニアから取り戻すことができた。

極東ではウラジオストク周辺やカムチャツカにいる原子力潜水艦を誰が管理するのかが問題になる。この際、沿海地方、樺太、千島、カムチャツカの統治が必要となる。米国は領土拡大はしないので、中国の侵入を防ぐためには、日本の派兵が必須となる。日本は、北朝鮮問題と、中国による台湾・尖閣侵攻に対処しつつ、北洋にも目を配るという、三正面同時作戦を強いられているという、未曽有の国難にある。

注

（1）IMF, IBRD, OECD, EBRD（1990）, The Economy of the USSR :Summary and Recommendation, December 1990.

（2）中澤孝之（一九九九）『ベロヴェーシの森の陰謀：ソ連解体二十世紀最後のクーデター』潮出版社。

（3）服部倫卓（二〇〇四）『不思議の国ベラルーシ：ナショナリズムから遠く離れて』岩波書店。

（4）白鳥正明（二〇〇二）『ロシア市場経済化十年：IMF・世界銀行の迷走』ユーラシア・ブックレットNo.三四、東洋書店。

（5）冨田昌宏（一九九四）『紙幣が語る戦後世界：通貨デザインの変遷をたどる』中公新書、五〇～六六頁。

（6）ヤブリンスキー・G、EPI（経済政治研究）センター編著（松本幸重訳）（一九九二）『最新データが語るロシアCIS経済の真実』東洋経済新報社、三～四頁。

（7）マルシャル・P（太田佐絵子訳）（二〇一七）『地図で見るロシアハンドブック』原書房、一〇四～一〇五頁。

（8）アムール州ボストチヌィ基地。今年月の裏側に探査機を飛ばしたが、着陸に失敗した。極東はロシアにとって宇宙進出のための前進基地でもある。

（9）ハバロフスク地方コムソモリスク・ナ・アムーレ市には軍民両用の航空機産業の集積地となっている。今年九月に金正恩・北朝鮮総書記が見学したことで注目された。

（10）結果的に、ウスチ・ルーガ港も原油輸出に依存している（Reuters, 4 May, 2023）。

（11）安木新一郎（二〇〇九）『ロシア極東ビジネス事情』ユーラシア・ブックレットNo.一三八、三七頁～四八頁。

（12）日本政府は今年八月九日からロシア向け中古車輸出規制を始めたが、同時期にロシア側も規制を強化した（ジェトロ・ビジネス短信、二〇二三年八月一四日付）。

（13）樺太の石炭生産を牛耳っているオリガルヒ（政商）ミセブラは、二〇一〇年にプーチン大統領の与党の幹部となるが、同時期にフロリダ州のトランプ関連物件も購入しており、以降、「樺太の石炭王」がプーチンとトランプの関係を取り持っている。ミセブラは樺太の政財界の大物で、品質の良い石炭を輸出し、砂の混じった粗悪な石炭を地元の配給に回して、輸出と公共事業から巨額の利益を上げているとされる。

(14) 二〇一九年九月二六日、商船三井、国際協力銀行（ＪＢＩＣ）及びノバテク間で、カムチャツカ及びムルマンスクでのＬＮＧ積替基地案件での協調を目的とした覚書が締結された。同プロジェクトでは、ＦＳＵ（浮体式ＬＮＧ貯蔵設備）を建造し、カムチャツカ及びムルマンスクに積み替え基地として設置する。ノバテクが推進するヤマルＬＮＧプロジェクト及び Arctic LNG 2 プロジェクトで生産され、砕氷ＬＮＧ船で輸送されるＬＮＧはＦＳＵを介して在来型ＬＮＧ船に積替えられる。以上のようなプロジェクトだった。

(15) 安木新一郎（二〇一三）「ロシアから見たキプロス債務問題」『国際金融』一二四七、三七～四一頁。

(16) 安木新一郎（二〇二三）『貨幣が語るジョチ・ウルス』清風堂書店。

(17) 村井章介（一九九三）『中世倭人伝』岩波書店。

（やすき しんいちろう・函館大学・経済学）

論文

コロナと極右と陰謀論

――新型コロナ・パンデミックにおけるドイツの状況をめぐって――

橋本直人

一　はじめに――奇妙なクーデター未遂

とある奇妙な事件の話から始めよう。

この事件については複数のメディアが何回か報じているが、たとえば朝日新聞はこの事件の第一報として、二〇二二年一二月八日付で以下のように報じている。

ドイツの極右、クーデター計画か

貴族子孫や裁判官ら二五人逮捕

ドイツの連邦検察庁は七日、クーデター計画を練っていたとして、極右勢力のメンバーら二五人を逮捕したと発表した。容疑者らは連邦議会の建物の襲撃を計画していた疑いがある。貴族の子孫のほか、現役裁判官も関わっていた。ドイツメディアによると、過激派への捜査としてはドイツで過去最大規模になるという。

検察の発表によると、七日朝から、計約三千人の捜査員が全十六州のうち、十一州の計一三〇か所を家宅捜索。テロ組織のメンバーとみなしたドイツ人二二人と、ロシア人一人を含む支援者三人を逮捕した。さらに二七人の容疑者を調べている。

容疑者らは遅くとも昨年十一月以降、いまのドイツの政府組織を否定し、非民主的な独自の国家体制をつくることをめざしたテロ組織に所属。暴力手段によって、連邦議会を襲撃するなどして、国家転覆を図った疑いがある。
シュピーゲル誌などによると、逮捕された主犯格の一人は公爵家の子孫で「ハインリヒ十三世ロイス公」を名乗る七一歳の男。もう一人の主犯格は、ドイツ連邦軍の退役軍人だった。クーデター計画には、ほかにも軍経験者が含まれていた。
ベルリンの地方裁判所の裁判官ビルギット・マルザック＝ウィンケマン容疑者（五八）も逮捕された。同容疑者は昨年まで、右翼政党「ドイツのための選択肢」（AfD）の連邦議会議員を務めていた。
ドイツメディアによると、テロ組織のメンバーには、「ライヒスビュルガー」（帝国市民）と呼ばれる極右運動の関係者が含まれているという。（ベルリン＝野島淳）

日本にいるわれわれの目からは突拍子もない出来事にも見えたため、ご記憶の読者もおられるかもしれない。他方、貴族の末裔らしき変人が妄想じみた計画を実行したに過ぎない、と気に留めなかった方も多いだろう。

だが、その後の新聞報道（日本経済新聞が最も詳しく報じている）などを追うと、単に変人による妄想じみた奇妙なエピソードとして無視すれば済む事件ではないことがわかる。現にドイツでは、ショルツ首相や内務大臣はじめ複数の政治家がこの事件を深刻に受け止め、対策を進めると表明しているのである。

その理由として、上記の記事にもあるように、この事件に現役の裁判官や高位の元軍人も関与していること、しかもこうした反政府的な動きがここ数年ドイツで続発していることが挙げられよう。

同じく各種報道によれば、たとえば二〇一六年には、バイエルン州で「帝国市民Reichsbürger」と呼ばれるグループのメンバーが家宅捜索に入った警官に発砲し一名を殺害したという事件が起きている。また二〇一七年にも、難民受け入れに寛容な政治家たちの暗殺を計画したとして連邦軍兵士ら三名が逮捕されている。さらに大きな事件は、二〇二〇年の国会議事堂侵入未遂事件である。この事件については後でも触れるので、念のために二〇二〇年九月二日付の日経新聞から記事の冒頭を引用しておこう。

独国会前で「帝国旗」　極右、侵入試みる
大統領ら、一斉に批判

【ベルリン＝石川潤】ドイツの首都、ベルリンで極右勢力が国会議事堂への侵入を試み、占拠した外階段付近でドイツ帝国時代の旗を振りかざし気勢を上げる事件があった。ナチス時代に暴力で民主主義を封じられた過去があるドイツ社会に衝撃が広がっている。

黒、白、赤の三色の旗が八月二九日、国会議事堂の正面に翻った。この三色旗はドイツ帝国時代の国旗で、法律で禁止されたナチスのハーケンクロイツ（かぎ十字）に代わって極右勢力に使われることが多い、いわば反民主主義の象徴だ。

シュタインマイヤー大統領は事件を受けて「民主主義の心臓部への耐えがたい攻撃」だと批判した。「嫌悪すべきだというだけでなく、この場所の歴史からみてまったく耐えがたい」と語った。「自由民主主義を守るのは警察だけでなく、社会全体の義務だ」とも述べ、市民に自覚を求めた。

「恥ずべきことだ」（マース外相）。多くの政治家が一斉に批判した今回の事件は、政府のコロナ対策に反対するデモに便乗する形で起きた。この日のベルリン中心部には四万人近くが集まり、政府がコロナ封じのために導入した行動規制などへの反対を訴えていた。

デモに集まった人々がすべて極右というわけではない。だが、そのうち四百人程度が国会議事堂に押し寄せ、正面の外階段付近を占拠した。別の場所でも極右勢力と警官隊の衝突があり、三百人以上が逮捕された。

このように続発する事件の延長線上に冒頭のクーデター未遂事件を位置づけるならば、この事件を「単なる変人の妄想」と片づけられないことは明らかであろう。

そこで本稿では、これら一連の事件を手がかりに、現在のドイツで生じている新しい状況について検討したい。

二　ドイツの「新しい右翼」と陰謀論

先ほどの記事にも見られるように、これらの事件の特徴の一つは、（元ないし現役の）軍人や裁判官、政治家らが関与していることにある。この点について、ドイツ連邦憲法擁護庁（Bundesamt für Verfassungsschutz、以下 BfV）という機関による調査報告を見てみよう。BfV はドイツ国内での反憲法活動を調査する内務省の機関であり、かつては共産主義者の活動を監視する性格が強かったが、現在はネオナチはじめ極右の監視に重点を置き、定期的に調査報告書を公開している。

そのBfVによる二〇二一年の調査報告書[1]によると、先ほどの記事にも見えた「帝国市民」や、「Selbstverwalter」（本稿では「自主統治派」と訳しておく）と呼ばれるグループを含め、右翼過激派と疑われる事例が治安関係部局内部にも見られるという。[2]この調査報告書は、調査の対象となった人物が一千名弱、そのうち三百名強について具体的な証拠ないし嫌疑が認められる、と指摘している。

さらに報告書は治安機関に限らず全般的な極右勢力の動向についても述べているが、そこでは、たとえば旧東ドイツ・ザクセン州では、「帝国市民」および「自主統治派」とされるグループのメンバー数が千九百名にのぼると推計されている。おなじBfVの調査では、五年前の推計では約五百名、二〇二〇年段階で千名強と推計されていることからすれば、二〇二〇年以降にこれらのグループが急増していることがうかがえる。[3]

バイエルン内務省によれば、「帝国市民」とは「さまざまな動機や根拠からドイツ連邦共和国の存在やその法制度を否定する集団や個人のこと」であり、「その際、歴史上のドイツ帝国、陰謀論的な論法パターン、自分勝手に定義した自然権などに言及する」グループのことを指し、「自主統治派」とは「宣言することによって連邦共和国から離脱し、連邦共和国の法律に拘束されなくなると主張する個人のこと」であるが、「このために用いられる議論は、いわゆる帝国市民と本質的に一致している」。[4]だがここで注意すべきなのは、この「帝国市民」や「自主統治派」と呼ばれるグループが、いわゆるネオナチなどと重複する場合はあっても必ずしも一致するわけではない、という点である。というのも、NHKの報道[5]によれば、たとえば冒頭の記事で触れたハインリヒ十三世が言及する「歴史上のドイツ帝国」とはナチス・ドイツ（第三帝国）ではなく、ワイマール共和国すら飛び越えて第二帝国、いわゆるビスマルク帝国にまでさかのぼるからである。つまり「帝国市民」や「自主統治派」はヒトラーやナチス政権、またその反ユダヤ主義などを中心的なシンボルやイデオロギーとしているわけでは必ずしもない、と考えられるのである。[6]こうした特徴を踏まえ、本稿ではこれらのグループを、ナチズム（およびその影響の強いネオナチ）と相対的に断絶しているという意味で「新しい右翼」と呼ぶことにしよう。[7]

これらのグループについて、極右や陰謀論に関する分析・報告を行なっているCeMAS（Center for Monitoring, Analysis, and Strategy）というＮＰＯの報告書を参照してみよう。CeMASはこれらのグループを「主権主義者

Sovereigntists」と呼んだうえで、次のように特徴づけている。

「帝国市民」をはじめとする主権主義者は、国際的な陰謀によって国家の、あるいは個人としての主権が抑圧されていると考えている。「帝国市民」は主にドイツとオーストリアに現れるが、陰謀イデオロギー的主権主義の現象は他の国々、例えばアメリカ、カナダ、イギリス、オーストラリア、フランス、ノルウェー、ロシアにも存在する。（CeMIAS 2022）

この特徴づけからもうかがえるのは、これらのグループにとって本質的なのはナチズムのようなイデオロギーではなく、むしろ陰謀論なのではないか、という点である。そしてこのことは、先に BfV の調査報告でも言及されていたように、グループが二〇二〇年から急増していることとも対応しているだろう。つまり、現在のドイツにおける「新しい右翼」の台頭には、コロナ禍とロックダウンに代表される感染拡大対策への反発、そしてそれらを地盤とした陰謀論の拡散が背景として存在すると考えられるのである。

だが、そもそも陰謀論とは何であろうか。日本ではあまり研究が盛んとは言いがたいが、実は陰謀論に関しては英語圏を中心にすでに数多くの研究が行われている。それらの中でも陰謀論に関する標準的な定義として、ここではカレン・ダグラスらによる定義を見ておこう。

「陰謀論」とは、重要な社会的・政治的出来事や状況の究極的な原因を、複数の有力者たちによる秘密の陰謀があるという主張で説明しようとする試みである。陰謀論は政府を対象としていると思われがちだが、強力で悪意があると見なされたあらゆる集団を非難する可能性がある。九・一一テロに関する陰謀論は、ブッシュ政権、サウジアラビア政府、企業、金融業界、ユダヤ人を非難し、気候変動に関する陰謀論は、科学者、共産主義者、国連、民主党、政府、石油業界などを非難している。（Douglas u. a. 2019）

もう一点興味深いこととして触れておきたいのは、「陰謀論」という言葉を最初期に使った人物の一人が科学哲学で知られるカール・ポパーだということである。ポパーは有名な『推論と反駁』の中で、陰謀論について以下のように述べている。

社会の陰謀理論は、まさにこの［ホメロス的な］有神論の変形であり、気まぐれや意志によって万物を支配する神々に対する信仰が変形したものである。それは、神を捨てるかわりに「神の地位にいるのは誰か」と問うことから生じる。そして神の地位は、力を持ったさまざまな人々や集団によって占められることになる。（Popper 1963）

ホメロスの叙事詩では神々の気まぐれや勝手な陰謀によってトロイ戦争の趨勢が変わってしまうが、その神々を有力な（有力に見える）誰かに置き換えて社会をとらえようとしているのが陰謀論だ、とポパーは指摘しているのである。(8)

こうした陰謀論の特徴を踏まえた上で、冒頭で紹介したいくつかの事件から、ここでは特に二〇二〇年のドイツ連邦議会議事堂への侵入未遂事件についてあらためて検討しよう。先ほどの記事にもあったように、そもそもこの議事堂侵入未遂事件は、ロックダウンをはじめとする新型コロナウイルス感染防止措置（Covid-19-Schutzmaßnahme）に対して、ベルリンをはじめドイツ各地で大規模な抗議行動が展開される中で発生した事件であった。(9) このことを、イギリス王立防衛安全保障研究所の研究員であるジュリアナ・シュースは「極右勢力と反ロックダウン派とのつながりを示す最初の兆候」（Suess 2021）とよび、以下のように分析している。

二〇二〇年八月の集会は、帝国市民や有名な極右グループによって組織されたものではなく、「既成概念にとらわれない思考」を意味するクヴェアデンケン（Querdenken）運動によって行われた。これは政府のコロナウイルス対策に対する抗議運動であり、クヴェアデンケンはマスクやロックダウン、その他の社会的規制は違憲であり、個人の自由に対する耐え難い攻撃であると主張している。（Ibid.）

ここで言及されている「クヴェアデンケン」とは、辞書的な意味では「型にはまらない考え方」や「破天荒なアイディア」を指すが、現在では「主流の考え方に従わない」（＝陰謀論的な）グループの自称として用いられている言葉である。このグループ（自称「Querdenken 711」）の呼びかけで始まったコロナ対策への抗議デモに「新しい右翼」グループが混ざっていたことが議事堂侵入未遂事件へとつながったのであり、少なくとも抗議デモそのものは「新しい右翼」が中心的だったわけではない、という点に注意しよう。つまり、ベルリンでの抗議デモは陰謀論的なグループの呼びかけから始まったのであって、はじめから極右過激派の行動が主目的だったわけではない、ということである。

だが、そのことは陰謀論と「新しい右翼」との結びつきが単なる偶然であることを意味しない。先の引用に続けて、シュースはこのデモ自体には「単にドイツ政府の危機対応に反対する人々から、パンデミックはデマであり、ワクチンにはマイクロチップが含まれていると信じる人々まで、さまざまな人々が集まっている」だけであり、「極右イデオロギーとのつながりはない」（Ibid.）という。だが、重要なのは「極右がこの新しい動きを利用して自分たちのアジェンダを推し進め、注目を集め、その過程でおそらく新しい信者を獲得した」ことであり、「デモ参加者の間に見られる、政府に対する一般的な不満や反エスタブリッシュメント感情は、結局のところ、過激派イデオロギーを広めるための悪条件ではない」ということである。そしてシュースは次のように、両者のいわば「親和性」を指摘する。

> クヴェアデンケン運動が成功したのは、一部のドイツ人が連邦政府、特に主要政党に対して抱いている不信感を浮き彫りにしたことにある。この不支持と不信感は、今に始まったことでも、パンデミックが引き金になったわけでもない。しかし、人々の不満が新たなプラットフォームを与えられたことで、この感情は増幅され、前面に出てきた。クヴェアデンケン運動が、極右支持者を自分たちの中に容認できるほど［極右にとって］居心地がよかったという事実は、注視すべき極右の脅威が増大していることを物語っている。（Ibid.）

つまり、新型コロナ・パンデミックとこれに対する政府などによる予防措置は、政府や主要政党に対する不信感を有する人々にとっての共通項を提供し、「新しい右翼」も含めて陰謀論を通じた緩やかな結合を生み出した、と考えられるのである。そうだとすれば、ドイツにおける「新しい右翼」の台頭は、新型コロナ・パンデミック（およびその対策）から生じた陰謀論とも無縁ではないと言えよう。

三　Qアノンと陰謀論の「からくり」

さて、新型コロナ・パンデミックを背景としてこのように「新しい右翼」と陰謀論とが結びついているドイツの状況に関して、先ほども引用したCeMASが、アメリカの陰謀論の代表格として知られる「Qアノン」のドイツへの影響を詳細に分析している。そこで、『Q vadis』というタイトルでまとめられているその報告書（先ほどの引用もこの報告者からである）をもとに、ドイツにおける陰謀論の状況を見ておこう。

そもそもQアノンとは、アメリカの匿名掲示板における「Qクリアランス〔アメリカでの機密情報閲覧資格を指す〕の愛国者」と名乗る人物の投稿から始まった陰謀論である。それによれば、アメリカおよび世界は世界規模の秘密結社（アメリカでは「ディープ・ステート」とも呼ばれることになる）によって支配されており、彼らは悪魔崇拝や児童性愛、人肉食などを愛好する集団であり、トランプ大統領（当時）は彼ら「ディープ・ステート」と戦っている、というのが中心的なストーリーである。二〇二一年のアメリカ合衆国議事堂襲撃事件が、このQアノンの影響を強く受けて発生したことはよく知られていよう。

だが、CeMASの調査報告によれば、今やQアノン支持者たちが活動する場として「アメリカ以外で最も大きいのがドイツ語圏の国々」（CeMAS 2022）なのである。しかもドイツ語圏でQアノンの影響が急速に拡大したのは、アメリカでの影響力のピークから遅れた二〇二〇年以降だと推定されている。これはどういうことだろうか。

CeMASによれば、たとえばQアノンの投稿をドイツ語に訳して拡散していた主要なチャンネルとして「Qlobal-Change」というものがある。この「Qlobal-Change」は、主にTelegramという匿名性の高いメッセージ・アプリ[10]を通じてQアノンのメッセージをドイツ語圏に拡散していったという。特に二〇二〇年以降には様々なメディア（フェイスブックやYouTube、ツイッターなど）でQアノンに関するコンテンツが制限・排除されていったことで、こうした状況はさらに強化され、Telegramが「陰謀論イデオローグが利用するプラットフォームとなった」（CeMAS 2022）。具体的には、上記の「Qlobal-Change」のアクセス数は二〇二〇年以降急速に増大し、「二〇一九年十月には加入者数が約一万人だったが、二〇二二年二月には加入者数が約十四万人に増加した。同チャンネルからのメッセージは平均してそれぞれ十万回弱閲覧され、特に二〇二〇年三月以降の閲覧数が多かった」(Ibid.)。つまり、ドイツ語圏におけるQアノンの影響は、むしろトランプ政権の終焉後、新型コロナ・パンデミックとともに急速に拡大した、と見られるのである。このことをCeMASの報告書は次のように総括している。

Qアノンはここ数年、ドイツ語圏でその地位を確立している。これはおそらく、Qアノンの物語が帝国市民／主権主義者のイデオロギーと結びつきやすいためでもある。特にCOVID-19の大流行は、この運動をさらに後押しした。QアノンのTelegramでの広がりはまだ続いている。(Ibid.)

実際、CeMASによれば、Qアノンの受容者層は新型コロナ陰謀論の受容者層とも大幅に重なっており、たとえば新型コロナ・ワクチンの接種者(少なくとも一回は接種した者)と非接種者(一回も接種しない者)とではQアノンの受容について顕著な差異が確認できるという。また同様に、上記の感染予防措置に対する抗議デモへの参加者のうち、約五八%がQアノンの陰謀論に対して一定の賛同をしている、というデータも示されている。

とはいえ、ドイツにおける陰謀論の拡散は単純にQアノンのようなアメリカの陰謀論からの単なる影響、コピーであるとは言い切れない面がある。そこにはたとえば「EUが自分たちの主権を奪う陰謀を展開している」、あるいは「NATOが軍事演習を利用して戦後のドイツ政治体制を破壊し、帝国の主権を回復する」といった独自の要素も少なからずみられるからである。その他にも上記のタイムラグなどいくつかの要素を考慮すると、ドイツの陰謀論および「新しい右翼」を、アメリカのQアノンからの影響として、特にそのメッセージの直接的な内容の影響として理解できるとは言い切れない。

その点で本稿が注目したいのは、陰謀論を特集した『現代思想』二〇二一年五月号における木澤佐登志の論考である。木澤は陰謀論の拡散について、以下のように説明する。

情報を直接伝えるのではなく、「なぜ〜なのか?」といった疑問形を多用した、オーディエンスに問いかけるような文章形式。ここには、Qアノンが狭いコミュニティーの垣根を超えて広く人々を引き付ける重要な「からくり」が隠されている。

何人かの研究者は、Qアノンに見られる没入型／参加型の構造を「ゲーミフィケーション」と呼んでいる。Qのオーディエンスたちは、Qの暗号的なメッセージと問いかけに隠された謎をひとつひとつリサーチして解き明かそうと奮闘する。すると、点と点とが線で結びついてゆき、やがて水面下で進行中の、合衆国を脅かす壮大な陰謀の存在が浮上してくる、そのような仕掛けになっている。（木澤 2021）

ゲームマスターはプレイヤーたちに常にクリアすべき課題を与え続ける。プレイヤーはそれに応える。ここでの発信者と受信者の関係は双方向的である。この相互作用は、やがて陰謀論という名の疑似神話を創造し共有し合うインタラクティブな共同体を構築するに至る。(Ibid.)

これだけではわかりにくいので、少し具体例を取り上げよう。たとえば、Qアノンのメッセージは次のような形式をとっている。[11]

・ヒラリーは拘留される　（まだ）逮捕ではない
・ヒラリーのスタッフはどこだ？ 彼女を追え
・なぜ大統領の周囲を将軍たちが囲んでいる？
・軍事コードとは何か？
・ウェイナーはどこに拘留されている？ なぜ？
・ヒラリーやソロス、オバマの方がトランプより力があるって？ 幻想だね
・これは民主党と共和党の戦いではない
・なぜソロスは最近全財産を寄付した？

ここで注目すべきなのは、「Qアノンは一方的に陰謀論的な『真実』を受け手に提示しているわけではない」という点である。むしろ単純に「真実を教える」というスタンスをとらなかったからこそ、Qアノンのメッセージが広く拡散されたのではないか、と木澤は指摘しているのである。すなわち、受容者たちに次々と「普段は疑問にも思わなかった・常識を疑うような問い」を投げかけ、それを「受け手とともに手掛かりを探して（実際にはQが示唆するのだが）真相に迫る」という形式をとっているからこそ、そこに「双方向的」なコミュニケーションに基づく「インタラクティブな共同体」が構築される。Qアノンは正解を一方的に提示するのではなく、受け手に暗号的なメッセージを

投げかけてその解明を受け手に委ねる。その結果、受け手は自ら陰謀論を解き明かす「主人公」となり、陰謀論の世界へと「能動的に」参加することになる。木澤の分析に照らせば、実はこの「からくり」(ゲーミフィケーション)こそが、陰謀論の拡散における重要な要素と考えられるのである。

このように考えてくると、実はドイツの陰謀論においても、陰謀論特有のトピックや語彙と並んで、こうした「投げかけ」的な語り口が多用されていることがわかる。たとえば、私見では陰謀論の一つの典型例とみなし得る文献『お願いビル・ゲイツさん、私たちを助けて!』(Schürmann 2022)は、目次からして、「予防接種のデジタル・パスや警告アプリ、濃厚接触追跡アプリははじまりにすぎない」「なぜ何百万ものアメリカ人についてPCRテストのデータが集められ分析されるのか?」「なぜオミクロン株はワクチン接種者にも非接種者にも同じように危険なのか?」といった、「常識を疑う問い」を続けざまに投げかけてくる。その「問い」を経由して、やがて「計画されたパンデミック」や「ワクチンの無意味さ」「個人データを収集する仕組み」、そして世界支配者たちの「グレート・リセット[12]」なる巨大な陰謀が見えてくる、ということになる(これに類する文献は多数あるが、構造的にはどれも同様なので、ここでは一例に留めたい)。

そして重要なのは、こうした陰謀論が民主主義的な政治システムへの疑念を拡散させ、そのシステムへの不信に基づく「新しい右翼」の苗床となっている、という点である。シュースが指摘するように、陰謀論的な抗議デモに「新しい右翼」が居場所を見いだすのは決して偶然ではないのである。

四　陰謀論の拡散に抗するために

こうした状況をどのように考えるべきなのだろうか。この点では、先述の『現代思想』特集号における松村一志の論考「科学否定論とフェイクの不安」が参考になる。

松村はまず、科学が複雑・巨大化しているために専門家以外にはその全貌を見通せない、という現代の状況から論じ始める。こうした状況では、複雑・巨大な科学を一から学ぶための時間的・経済的コストを支払えない「一般人[13]」にとって「専門家による交通整理」が不可欠となるが、「新型コロナウイルスや放射能汚染といったリスクの問題では、複数の予測が乱立してしまう」(松村 2021)ため、「どの専門家が『証人』としてより信頼できるのかを見極め」る必要が生じる、と指摘する。だが、そもそも科学の全貌を見渡せないからこそ「専門家による交通整理」が必要になるのだから、「誰が信頼できるか」を科学的に判断することはできない。そこで「一般人」は、その専門家の「背景」にどのような「利害関心」が潜んでいるか、に注目することになる。すなわち「研究者Aは○○製薬と関連がある」「Bは厚生省の諮問機関の委員である」などと利害関心を認定され、それゆえ信用できる専門家ではない、という烙印を押されることになる。その結果、

「利害関心」を認定された専門家の主張は、「陰謀」の一部として捉えることができる。そうなると、その主張を、内容の真偽を検討することなく排除することが可能になる。このような形で、陰謀論的発想が、マスメディアに登場する専門家をめぐる「証人」選びの便利なツールになっている。（松村 2021）

さらに松村は「インターネットにおける偽情報の氾濫」という状況も指摘する。今や「インターネットに偽情報が溢れていることは、すでに常識となっている。そのため、偽情報を流した側ではなく、それに騙された側の方が『情報弱者』として非難される。つまり、偽情報の可能性を想定することが、受け手の自己責任になっている。／その意味で、インターネット上で専門家の『利害関心』が疑われるのは、むしろ正常な反応だとも言える」（Ibid.）。

つまり、自分一人では到底理解できない知識や情報の信頼性を「自己責任」で判断せざるを得なくなったからこそ、むしろその「背後関係」や「利害関心」といった基準が参照され、そこに陰謀論が紛れ込むことになる、というわけである。

こうした事態からは皮肉な帰結が導かれる。というのも、以上のような状況の中で陰謀論を信じる人々は、いわば自分自身で知識や情報の信頼性を検証しようとするからこそ陰謀論に陥ることになるからである。世界の偽情報に騙されないように自分自身でいろいろ調べたからこそ陰謀論が真実に見えるのだ。しかも先述の通り、陰謀論には「常識を疑うような問い」を立て続けに投げかけることでインタラクティブな共同体を構成するという「からくり」が潜んでいる。自力でいろいろ調べるような、意識も高く熱意もあるような人こそ、得てして陰謀論に陥りやすいことになる。松村も「『騙されないように注意すべき』と言って

も、おそらくあまり意味はない。［科学］否定論の支持者にとって、騙されている可能性はすでに織り込み済みだから」だ（Ibid.）、と指摘している。

さらにこの点に関して、オーストリアの社会学者アレクサンダー・ボーグナーは、科学的知見を根拠として政治的な決定を行なうことの危険性を指摘している（Bogner 2021）。というのも、いかなる状況であれ政治的な決定には必ず価値判断が含まれるはずなのに、その決定の根拠に科学的知見を挙げることによって、政治的な反対派はほぼ自動的に「非科学的」というレッテルを貼られることになるからである。言いかえれば、科学という権威に依拠した政治的決定は、反対者を否応なしに「反科学」ないし「反事実」の立場へと追いやることになるのではないか、というのである。「科学的にはこの政策が正しい」という主張は、本来であれば価値判断に関わる政治的対立であるはずのものを「科学／非科学」という対立に変換してしまうことになる。そしてその背後には、価値判断を引き受けるという政治的責任を欠いた現在の政治体制の問題も潜んでいよう。これは新型コロナ・パンデミックに限らず、気候変動や原発事故、薬害など、現代のさまざまな場面で現に生じうる事態だ、とボーグナーは指摘する。

また「科学的には○○が正しい」という主張は、あの陰謀論の「からくり」、常識を疑う問いの投げかけを用いたインタラクティブな語り口とはおよそ正反対の、一方的かつ権威的な、受け手の能動性を損ないかねない語り口になってしまっている、ということでもある。その意味では、「科学的に正しいのだから」という語り口そのものが、むしろ受け手を陰謀論へと追いやる危険性をはらんでいるのかもしれない。

そうだとするなら、新型コロナ・パンデミックの状況は、いくつもの面でまさに陰謀論が拡散しやすい地盤を生み出し、結果として「新しい右翼」の芽が育ちやすい環境を用意したといえるだろう。

それでは、われわれはどのように「新しい右翼」に対抗するべきなのだろうか。この点で注目に値するのは、個々人の無力感が深まっているときこそ陰謀論が浸透しやすいという、陰謀論研究でよく言及される事実である。たとえばドイツの政治学者・現代史研究者のウェルナー・ビューラーや、先述の『現代思想』特集号における辻隆太郎らは以下のように述べている。

政治的、社会経済的、文化的危機が陰謀物語の格好の温床を形成するという点では、関連研究のコンセンサスが得られている。この点で、二〇二〇年初頭から世界中で猛威を振るっているCOVID-19の大流行が、「新しい」ナラティブや「理論」を生み出しただけでなく、陰謀論者や陰謀論的思考に対する批判的な関与に拍車をかけたことは驚くべきことではない。（Bührer 2022）

自分自身や環境に対するコントロール感の欠如が陰謀論的信念を増大させる、ということを示す研究も複数ある。……。無力感を感じている人は陰謀を信じることで世界が混沌としていると考えることを避けることができ、なぜ自分の人生をコントロールする力がないのかを理解するのに役立つ、と彼女らは考察している。（辻 2021）

これらの指摘のとおり、新型コロナの感染拡大と、これを防ぐためのロックダウンをはじめとする予防措置は、まさに突然の「政治的、社会経済的、文化的危機」を引き起こし、多くの人々を理不尽な困窮と孤独、不安に陥れた。予防措置がもたらした状況に苦しみ、「何とかしたい・してほしい」と切実に願っても「科学的に必要な措置だから」という一言で自らの訴えを無視された人々のうちに、やり場のない無力感が広がっていたであろうことは想像に難くない。

この無力感を地盤として陰謀論が拡散し、そこから「新しい右翼」の芽が頭をもたげ始めたのだとしたら、何よりも必要なのは人々の無力感を克服するためのさまざまな生活支援であろう。そして予防措置に抵抗を覚える人々の訴えを「非科学的」と一方的に断ずるのではなく、その訴えに潜む価値判断を適切に受け止めることが求められるだろう。

つまり、陰謀論と「新しい右翼」の台頭によって民主主義に危機的な状況が生じるのであれば、対抗するためには、無力感にとらわれた人々の生活を適切に支援すること、様々な訴えを適切に受け止めることが必要となる――考えてみれば当たり前のことかもしれない。何も新型コロナ・パンデミックに限らずとも、社会経済的な危機の中で民主主義を支えるために必要となるのは、まさにこれら二つの対応ではないか。だとするなら、陰謀論と「新しい右翼」は、われわれがどこまで民主主義を根底から支え得ているか、その試金石となっているのではないだろうか。

われわれの社会がどこまで根底から民主主義を構築し得

ているか、陰謀論と「新しい右翼」は改めて反省を迫っているのである。

※　本研究はＪＳＰＳ科研費JP 21K18458（「国連「健康権」枠組みに基づく新型コロナウイルスへの各国対応の評価と理論的再構成」）の助成を受けたものである。

注

（1）Bundesamt für Verfassungsschutz, Lagebericht „Rechtsextremisten, ‚Reichsbürger' und ‚Selbstverwalter' in Sicherheitsbehörden", Mai 2022. https://www.verfassungsschutz.de/SharedDocs/publikationen/DE/rechtsextremismus/2022-05-lagebericht-rechtsextremisten-reichsbuerger-und-selbstverwalter-in-sicherheitsbehoerden.html（最終閲覧：二〇二三年一〇月二七日）

（2）報告書によれば、ここでの「治安関係部局」とは連邦警察や情報局、軍事防諜庁、税関、各州警察およびBfV自身などである。

（3）ここではザクセン州の推計のみを紹介しているが、これらのグループの拡大が旧東ドイツに限られているとは言い切れない。というのも、上記の治安当局内での嫌疑事例は旧東西ドイツで偏っているわけではないからである（たとえばバイエルン州の比率も他の州に比べて高い）。実際には水面下で進行しているので明確にはわからないが、おそらく旧東ドイツに偏った現象ではないのではなかろうか。

（4）https://www.stmi.bayern.de/sus/verfassungsschutz/reichsbuerger_selbstverwalter/（最終閲覧：二〇二三年一〇月三〇日）

（5）https://www3.nhk.or.jp/news/special/international_news_navi/articles/feature/2023/02/14/29291.html（最終閲覧：二〇二三年一〇月二〇日）

（6）とはいえ、当然ながらこれらのグループがネオナチや反ユダヤ主義と重複するケースは少なくないようである。たとえばヤン・ラツィエは「一九四九年の連邦共和国建国以来、右翼過激派の主権主義グループは、この国家がドイツ民族に対する『ユダヤ人の世界的陰謀』の一部であるという考えを広めてきた。彼らの指導者たちは、（ドイツ帝国として、あるいは新たなドイツ国家を樹立して）ドイツの主権回復を主張するだけでなく、ホロコーストを否定し、新世界秩序からの解放を望んでいる」（Rathje 2021）と、両者の連続性を主張している。だが、そのラツィエ自身、新しい「主権主義者」たちが「［ナチスから連続した古いタイプと一九八〇年代に登場したタイプの］両方の帝国市民グループの影響を受けているが、秘教主義やその他の陰謀主義的イデオロギーは、これらのグループにとって、伝統的に組織された右翼過激派の大半の帝国市民よりも大きな意味を持って」おり、「反ユダヤ主義は、法廷における極右グループの攻撃的なホロコースト否定とは対照的に、彼らの場合には部分的にしか目に見えない」(Ibid.)と、両者の相違を認めている。

(7)この点は、日本の現状を考える際にも参照に値するのではないか。私見では、特に第二期安倍政権の時期に目立っていた日本の「新しい右翼」(たとえばいわゆる「ネトウヨ」)も、天皇制をはじめとする旧来の右翼イデオロギーからは相対的に断絶していると見た方が良いように思われる。また、ドイツでも日本でも、右翼勢力が一貫して戦後の政治システムに対する非難と不信を提起し続けていた(その意味で現行システムへの不信感を醸成する「芽」が長く潜んでいた)という点でも、陰謀論や「新しい右翼」との関連で日本の状況を考える上では、アメリカよりもドイツとの比較の方が参考になるのではないか。

(8)とはいえ、ポパーがここで「陰謀論」として想定している代表的なものの一つは、実はマルクス主義である。すなわち、資本や資本家、支配階級が社会をコントロールしているかのように描き出すマルクス主義を「社会の陰謀理論」として批判しているのである。この点を踏まえれば、他者に向かって安易に「陰謀論」という呼称を用いることの危険性にも、くれぐれも留意する必要があろう。

(9)BBCの報道によれば、ベルリンでは約三万八千人が抗議デモに参加したとされる。https://www.bbc.com/news/world-europe-53964147(最終閲覧:二〇二三年一〇月二〇日)

(10)「モビルス サポートテックラボ」という企業サイトによれば、「Telegram はロシア発のメッセージングアプリで、特にロシア、イラン、中東地域で人気があります。セキュリティとプライバシーに徹底的にこだわっているのが特徴で、表現の自由があまり保証されていない国や地域、アンダーグラウンドな世界でこれまで根強い人気を誇っていました。昨今のウクライナ情勢もあり、一般への認知も広がりつつあります」。https://mobilus.co.jp/lab/chatbot/global-messaging-app/(最終閲覧:二〇二三年一〇月一六日)

(11)ウェブジャーナルサイト「Vox」より一部抜粋。https://www.vox.com/policy-and-politics/2018/8/1/17253444/qanon-trump-conspiracy-theory-4chan-explainer(最終閲覧:二〇二三年一〇月二一日)

(12)日本ではあまり話題になっていなかったが、二〇二〇年の世界経済フォーラム(いわゆる「ダボス会議」)のテーマが「グレート・リセット」であり、ドイツはじめヨーロッパでは賛否あわせ盛んな議論を呼んでいる。そしてその中には「グレート・リセット」を「ワールド・

オーダーの陰謀」とみなす陰謀論も少なからず紛れ込んでいる。とはいえ、本稿ではこの点について論じる余裕がないので、別の機会に検討することとしたい。

（13）念のために付言すれば、「専門家にさえその専門分野以外は全貌を見通せない」という意味では、どれほどすぐれた研究者でも「自分の専門外」のトピックについてはまったく同じ意味において「一般人」である。ここには、高名な研究者が無自覚のうちに偏見や陰謀論を拡散させる側に回りかねないという危険性が潜んでいる。

文献

Bührer, Werner 2022: Neue Literatur zu Verschwörungstheorien, Neue Politische Literatur, volume 67.

Bogner Alexander 2021: Die Epistemisierung des Politischen, Reclam.

CeMAS（Center für Monitoring, Analyse und Strategie）2022: Q VADIS? The Spread of Qanon in the German Speaking World, cemas.io/

Coaston, Jane 2020: QAnon, the scarily popular pro Trump conspiracy theory, explained https:// www.vox.com/

Douglas, Karen M. u.a. 2019: Understanding Conspiracy Theories, Political Psychology, Vol. 40, Suppl. 1.

Popper, Karl 1963: Conjectures and Refutations, Routledge.=1980: 藤本隆志ほか訳『推測と反駁』法政大学出版局

Rathje, Jan 2021: For Reich and Volksgemeinschaft Against the World Conspiracy. Anti-semitism and Sovereignism in the Federal Republic of Germany Since 1945, Antisemitism Studies Volume 5, Number 1.

Schürmann, Tanja 2022: So wahr uns BILL GATES helfe!, RBV.

Suess, Juliana 2021: The Budding Alliance Between Lockdown Critics and the Far Right in Germany, Royal United Services Institute for Defence and Security Studies. https://www.rusi.org/

木澤 佐登志（二〇二一）「Qアノン、代替現実、ゲーミフィケーション」『現代思想』二〇二一年五月号「特集『陰謀論』の時代」

松村 一志（二〇二一）「科学否定論とフェイクの不安」同上

辻 隆太郎（二〇二一）「陰謀論へのイントロダクション」同上

（はしもと なおと・神戸大学・社会思想）

論文

一九五〇年代サークル運動論再考
――高木宏夫『日本の新興宗教』を手がかりとして――

黒川伊織

はじめに

本稿は、一九五〇年代――敗戦国日本の経済復興を後押しした「朝鮮特需」から高度経済成長前期――における若年労働者（一〇代後半～二〇代）の生活と意識から、同時代のサークル運動がもった歴史的意義を考察するものである。一九五〇年代とは、農村・漁村・山村などから多くの若年労働者――そのほとんどが新制中学校の卒業者であった――が都市へと集中しはじめる一方で、農村に残った若年労働者は戦前から残る封建的な生活習慣に苦しめられた時代であった。そのような若年労働者からひろく支持を集めたのが、当時流行した「人生雑誌」である。「人生雑誌」とは、日本各地から送られてくる読者の投稿――その多くが、自分の生活体験や悩みを書き綴った、決して上手とは言えない作文であった――とともに、知識人による一般教養的な記事を掲載した雑誌であり、経済的事情で学歴を得ることができなかった若年労働者の知的欲求に応えていた[1]。その限りで、「人生雑誌」とは、購読と投稿がセットになった双方向的メディアであった。

その「人生雑誌」のひとつとして一世を風靡した『人生手帖』とその読者サークル「緑の会」については、天野正子や福間良明による研究がすでにある[2]。前者は、読者による自然発生的なサークルとしての「緑の会」の活動の変遷を、ひとりの読者に即して論じており、後者は、戦後民主主義教育を受けた若者が「教養」を身につける場として

『人生手帖』が果たした役割を論じている。しかし、本稿では、このような理解の枠組から一歩踏み込んで、この時代に『人生手帖』とその読者サークル運動が必要とされた社会的背景を分析しつつ、サークル運動と政治運動、そして同時代に勃興した新興宗教の三者のせめぎ合いに着目することで、高度経済成長期における若年労働者の政治的選択のあり方を検討することとしたい。

本稿の構成であるが、第一に、一九五〇年代における若年労働者の生活実態を、当時の調査資料に即して具体的に明らかにしたうえで、第二に、一九五二年に創刊された『人生手帖』とその読者サークル「緑の会」の活動の実態とその意義を明らかにする。第三に、初期の『人生手帖』を牽引したマルクス主義哲学者・三浦つとむが抱いたサークル運動論と、『思想の科学』を牽引した哲学者・鶴見俊輔のサークル運動論とを比較し、その上で、三浦と鶴見が共闘した第三次『思想の科学』（一九五四〜五五年）の特質を明らかにする。第四に、第三次『思想の科学』の編集長であった宗教学者・高木宏夫と三浦が、第三次『思想の科学』を離れたのちに関心をよせた創価学会の活動戦略が、共産党系のサークル運動を質量ともに凌駕していき、一九五〇年代半ばから政治の世界に進出した創価学会の勢力が、共産党を圧倒していく一九六〇年までの過程を明らかにしていく。

一　「朝鮮特需」から高度経済成長へ――若年労働者の生活実態

高度経済成長とサークル運動の関係性を具体的に考える際に注目すべきは、一九五〇年代の日本は、農業から工業へと産業構造が大転換する過程にあり、一〇代後半から二〇代の若年労働者が都市に集中した時代であったということである。地方から東京・大阪などの大都市に就職する新制中学校の卒業生を乗せる国鉄専用列車として「集団就職列車」の運行がはじまったのが、一九五四年のことであった。

ただし、一九五〇年代前半と、集団就職がピークを迎える一九五〇年代後半では、農村から都市へと働きに出る若年層の年齢層は、やや異なっていた。その背景には、敗戦後に外地や戦地から日本に帰還した人びとが相次いで帰村したことで、一九四〇年代後半からの農村が、都市で仕事にありつけない「潜在失業者」を吸収する場として機能していたことがあった。とくに農家の次男・三男は農地を得ることができず、長男が相続した農地でほぼ無給で働くほかなかった。「二三男問題」と呼ばれたこの救済策として、政府は、未墾地を国が買収して入植者に開拓させる事業や、戦時中に中断されていた南米移民の再開を打ち出すことになった。(3)

一九五二年四月、国立教育学研究所が実施した「青少年教育調査」は、同時代の若年労働者の現状を、農村で働く若年労働者・都市の中小企業で働く若年労働者・都市の近代的工場で働く若年労働者の三類型にわけて分析したもので、当時の若年労働者の生活実態を知るうえで有用な資料となっている。以下、この調査結果に基づいて、敗戦から占領終結前後の若年労働者の生活実態を紹介していくことにする。

第一に重視すべきは、前述した農村の「二三男問題」である。彼らの多くは新制中学校を卒業した一五歳前後で都市に働きに出るか（移出型）、一〇代後半の時期を家業である農業に従事したのち二二～二三歳前後で都市に働きに出るか（抱え込み型）によって、それぞれ離村する事例が圧倒的であった。(4) 後者の場合は、「潜在失業者」が農村で居場所を失って都市へ出奔する例も多かった。どちらにせよ、農村の過剰労働力が都市へと押し出されたわけであるが、彼ら／彼女らの多くは、都市の自営業者や中小零細工場に入職して住み込みで働くほかなく（したがって都市の中小企業で働く若年労働者となる）、しかも低賃金での長時間労働のため安定した生活を送るには至らないまま、短期間で職場を転々とする例が非常に多く見られることになった。(5)

第二に重視すべきは、都市の近代的工場で働く若年労働者の大多数は、戦前に都市に移住してきた親がすでに大工場や大企業で働いている「都市労働者二世」として生まれているという点である。さらに、彼らのほとんどが、親と同じく大工場や大企業で働き、なかには親と同じ職場で働いている例も見られるという。(6) 逆に言えば、農村から流入した若年労働者にとっては、工場内に「養成工」制度などがあって定時制高校にも通学が可能な近代的な大工場で働く道は、ほぼ閉ざされていたということにほかならない。例外的に大工場――伝統的に女子労働者に頼ってきた紡績工場――で働くことができたのが、農村出身の新制中学校を卒業した女子若年労働者であった。(7) 工場内の寄宿舎で暮らしながら二四時間を三交代制で働く彼女らの中には、工場付設の高校に通学する例もあったが、彼女らの平均勤続期間は約三年半に過ぎず、離職後は農村に戻って結婚・出産というライフコースを歩むことになったと思われる。(8)

以上のように、一九五〇年代前半期の農村出身の若年労働者は、縁故関係などを通じて自力で仕事を見つけて、大都市や中小都市あるいは近くの町に移って住み込みで働く例が圧倒的であった。しかし、一九五〇年代半ばからは、主として地方の公共職業安定所を介した求人により採用された新規中卒者が「集団就職列車」により大都市――とくに東京――に向かう例が増えていった。彼ら／彼女らの多くは、北海道や東北各県、あるいは新潟県、長野県などの出身であり、先行する世代と同様に住み込みでの生活か寮生活を強いられた彼ら／彼女らは、「金の卵」と呼ばれて日本の高度経済成長を末端から支えた。そしてそのような採用形態がピークを迎えたのは、東京オリンピックが開催された一九六四年であり、この年に高卒者数が中卒者数をこえると、中卒者の求人よりも高卒者の求人が増えていき、高度経済成長が終わりを迎えた一九七〇年代半ばには「集団就職列車」も廃止されることになる。

このようなかたちで生家を離れて暮らす若年労働者のなかでも、とくに住み込み労働者が抱える孤独感は非常に強かった。女子は仕事に加えて家事労働を行っていたし、男子は店の開店・閉店の業務も担うなど、住み込み労働者は通勤者に比べて圧倒的に労働時間が長かった。一九五七年七月に、当時の労働省婦人少年局が「工業における住込年少労働者の生活時間」と題する調査報告書をまとめたように、年少労働者の七割が中小企業で働き、しかもその多くが住み込みで長時間労働を行っていた現実は、政府としても重大な関心事であった。しかも、住み込み者の多くは、誘い合って出かけるような友人を作る機会がほとんど持てなかったため、わずかな休日も「一人で楽しめる」という理由で映画館に行き、映画だけが「孤独をなぐさめてくれる」ものであったという(9)。

農村で暮らす若者も、戦前から残る家父長制的慣習のもとで家業に縛られる孤独な生活に苦しめられており、都市だけではなく農村でも、若年労働者は自らの孤独を癒やす〈場〉を求めていたのである。

二　『人生手帖』と読者サークル「緑の会」

そのような〈場〉となったのが、「生活記録・うたごえ・人生雑誌」のサークルであった(10)。本節では、そのような「人生雑誌」のひとつとして一九五二年一月に創刊された『人生手帖』と、その読者サークル「緑の会」の活動を手がかりに、一九五〇年代における若年労働者の集いの〈場〉としてのサークル運動の意義を明らかにしていくことにする。
『人生手帖』刊行の経緯について確認しておくと、一九四九年にはじめての「人生雑誌」として創刊された『葦』の編集者であった大和岩雄が、『葦』で培ったアイデアと資金を携えて、文理書院社長の寺島文夫に新たな人生雑誌の刊行を持ちかけたことで、『人生手帖』の刊行がはじまった。一九五〇～五一年にかけての文理書院は、『生きる日の喜びと悲しみに』や『いかに生くべきなのか』といった無名の書き手による手記集を刊行するとともに、それら書き手を発起人とする読者サークル「緑の会」を発足させて読者間での交流を図るなど、自らの「生き方」に悩む若者の相互交流の場を設けており、新雑誌を刊行するにはうってつけの場であった。言い換えるならば、先行して成立していた「緑の会」を基盤として、『人生手帖』の刊行が可能となったのである。こうしてスタートした『人生手帖』創刊号（一九五二年一月号）に掲載された「緑の会編集部」による呼びかけ文「われら自身の新しき歩みのために！」の一部を、以下に紹介しておこう。

われわれは、人間の親愛と善意と理性を信じ、お互いの幸福をねがう者の集りとして「緑の会」をつくった。この集りは特定の主義・宗教・政治的立場にこだわらず、お互いの信念・疑惑・苦悩を率直に語り合うことによって、美しく真実に生きようとする青春の情熱を結集し、私たちの社会と人生から、不合理と不正と無智をなくして文化的な、人間的な生活を建設するために協力し、地方文化運動の中心となり、さらに日本の文化を向上せしめてゆこうと志すものであります。（中略）私たちは現実の人生において、先ず自分のことを話し、そして相手の生い立ちや意見―人生観を知ろうと欲しますが、そういう希望をみたすものとして本誌をひろく全読者のものとして発展させたいと念願し皆さんの参加協力を希望しております。

さらに、四号（一九五二年四月号）には「緑の会会則」が掲載されている。その一部も以下に紹介しておこう。

一、緑の会は私達の幸福のために、文化と平和と生命の象徴である「緑」を理想とする人びとの自由な集まりである。
一、『人生手帖』は私達の体験や思想を発表することによって、お互いの人生観を豊かにするために会員によって編集される雑誌である。
一、会員は『人生手帖』の読者であると共に筆者でもある。故に、『人生手帖』に自由に寄稿することができる。

なお、「緑の会」の入会費は二〇円、会員三名が揃えば支部が結成できることになっており、部数の拡大とともに支部数も急増していくことになった。「緑の会」の支部結成にあたっては、地域で思い立った人が「支部結成のお知らせ」を『人生手帖』に郵便で送り、誌面に掲載された連絡先にその地域の人びとが集まってきて三名が揃うと、新たな支部として承認されるというかたちをとった。いうなれば、無名の若者ひとりひとりが、自らの強い意志で地域のサークル活動を担っていったのだ。そして、後述するように、「上からの」指導を重視する日本共産党（以下、共産党とする）のサークル運動論とは全く異なる、ゆるやかに横のつながりを重視するサークル運動こそが「緑の会」の持ち味であり、そのような「横のつながり」こそが、〈場〉に飢える若者を引きつける強い魅力となっていた。さらに、会員であることを示すための「緑の会」バッジまでもが作られた。支部の多くは、都市・農村の地域で結成されたり、職場で結成されたりしていたが、なかには結核療養所の入所者による支部もあったし、朝鮮人だけの支部もあった。さらに、アメリカ軍政下の沖縄にも『人生手帖』は届いており、したがって「緑の会」の支部も沖縄に作られていた。

その創刊当初の読者層は、戦後の民主主義教育を受けた新制中学校・新制高等学校卒業者だけではなく、戦時下で軍国主義教育を受け、なかには志願兵として戦地へ赴いた年長世代の人びとも多かった。そのため、戦地での経験、親から受け継いだ農地に縛られる長男の苦しみなどが綴られた投稿も多い。

若い読者を『人生手帖』に引きつけた要因のひとつが、一九五〇年からサークル運動をはじめていた横須賀壽子が担当する「人生相談室」欄の連載である（一九五三年一月号より開始）。悩める若い読者の質問に、一九二五年生まれの「お姉さん」である横須賀が真摯に答えるこの欄は、『人生手帖』の目玉記事となった。その相談内容は、新興宗教に入信した母親を脱会させたい子からの投稿、結婚問題に思い悩む女性からの投稿、両親の不和に悩む子からの投稿など多種多様な悩みであった。また、毎号の特集タイトルを見てみると、「男女交際と純潔」「劣等感の克服」

「生き甲斐」「まじめに生きる」など、当時の若年労働者は、恋愛や性などの普遍的な問題に加えて、社会のなかで自らが生き抜いていくための人生の指針を強く求めて生きていたことがわかる。

このような『人生手帖』の好調ぶりを支えたのが、在野のマルクス主義哲学者・三浦つとむである。一九五〇年にスターリンの言語学論文を批判して共産党を逐われた三浦は、戦前に中等教育段階で学業を諦め、ガリ版きりの仕事で生計を立てながら、一九三一年に結成された日本プロレタリア・エスペラント同盟（ポエウ）で非合法共産党指導下のサークル運動を経験して「ポエウの名プリンター」と称された人物であった。戦時下に独力でマルクス主義哲学を学んだ三浦は、戦後には共産党系の民主主義科学者協会で頭角を現し、物理学者・武谷三男に引き立てられてメディアに登場してきた。戦前以来のサークル活動家として、革命の「最小単位」であるサークルの「目的意識性」を重視する三浦は、『人生手帖』と「緑の会」に、サークル活動が重視すべき「サークルと専門団体」との「正しい結合」を見いだしていた。

その「正しい結合」を具体的に述べるなら、『人生手帖』は自身の生き方に悩む若者に「人生観」と「生活規律」――それは僧侶出身の無着成恭が起草した「山びこ学校六つの誓い」に倣って一九五三年に起草された「緑の会七つの誓い」であった――を提示し、読者は各地域の「緑の会」に集ってそれぞれの「人生観」と「生活規律」について話し合い、その成果を三浦や横須賀ら編集者にフィードバックして、さらに『人生手帖』の誌面が「緑の会」に働きかけるというサイクルで支持をひろげていたからである。三浦は、このような一連のサイクルこそが「サークルと専門団体」との「正しい結合」にほかならず、このようなつながりこそが社会変革を担う主体を育成する最良の方法であると考えていた。実際に『人生手帖』の部数の増加にしたがって、全国各地に「緑の会」の支部が誕生していき、日本全土を網の目のようにつないでいたのである。そしてそれら支部の活動報告が『人生手帖』誌面に掲載されることで、全国に散らばる各支部の活動にも刺激を与えていくことになる。

三　第三次『思想の科学』と三浦つとむ・高木宏夫――一九五四〜五五年

さて、一九五〇年代前半の『人生手帖』の好調ぶりに、同時期に生活記録運動に乗り出そうとしていた鶴見俊輔ら『思想の科学』グループも焦りを感じていただろう。第二次『思想の科学』として一九五三年一月に創刊された『芽』は、「大人の生活綴方」などを特集して、会員や読者を巻き込んでの生活記録運動に取り組むことで、それまでの知識人中心の読者層から、より幅ひろい読者層の獲得に乗り出そうとしていたからだ。ただし、その刊行は長続きせず、一九五四年五月に『芽』にかわり第三次『思想の科学』の刊行がはじまった。

注目すべきが、一九五四年から五五年にかけて、『人生手帖』と第三次『思想の科学』が共闘していたという事実である。「大衆思想雑誌」を標榜してスタートした第三次『思想の科学』は、「人生相談」欄に倣った「身の上相談」のあり方を議論するなどして『人生手帖』の成果に学び、ひいては『人生手帖』の読者を『思想の科学』の読者として育てようとの構想を抱いてもいた。実際、第三次『思想の科学』の後半期の誌面は、「「人生手帖」みどりの会的なものになって、少し変ってきたように感じます」[11]と、前編集長の多田道太郎に回顧されるまでになっていた。

しかし、そのような目論見をもってしても、『人生手帖』と『思想の科学』の読者層が相当に異なっていたことは間違いない。ともに若者をターゲットとしつつも、『思想の科学』の読者の中心は学生や官公庁・大企業で働く安定した立場の労働者であり、『人生手帖』の主たる読者である中小零細企業や住み込みで働く若年労働者や農村の若者が、『思想の科学』を手にとることはほとんどなかった。

そのような性格をもつ第三次『思想の科学』の後半期の編集長を務めたのが、法学者・川島武宜の弟であり、当時東京大学東洋文化研究所の助手であった宗教学者・高木宏夫である。彼ら兄弟は、ともに『思想の科学』の古い同人であった。そして、高木とともに第三次『思想の科学』の「大衆思想雑誌」化を推し進めたのが、当時『思想の科学』評議員として活躍していた三浦であった。それまでの『思想の科学』の中心にあった鶴見は、『思想の科学』を共産党から自立した「独立マルクス主義」の雑誌に移行させようと働きかけたのが三浦であり、三浦が『思想の科学』編集会議を「牛耳った」のだと回想している[12]。

この鶴見の回想からも明らかなように、当時の三浦と鶴見のサークル運動への認識は、全く異なっていた。戦前以来のサークル活動家であった三浦にとってのサークル運動とは、「目的意識性」を有する革命運動を担うべき最小の単位として位置づけられるものであった。その限りで、三浦のサークル論は、一九三一年の蔵原惟人にはじまる赤色サークル主義（サークルの政治的任務を重視し、サークルを大衆カンパニアに動員する思想—筆者注）を批判しつつも、その階級性に基づく「高度の目的意識」を「抹殺してはならない」と、政治運動に従属するサークル運動という認識は変わらず堅持していた。そのため、レッド・パージ後にそれまでの赤色サークル主義を自己批判して地域に入り、地道な大衆活動を通じて草の根からサークル運動の再建を目指した人びとを評価する立場をとっていた(13)。

一方で『思想の科学』にとってのサークル運動とは、「下からの」民主主義を実現する場にほかならず、戦前以来のサークル運動の論理から意識的に距離を置いて、共産党系の運動やコミュニストの存在を可能な限り排除する立場をとった。鶴見は、「明確に政治的プログラムの中にくみいれられたものとしてのサークルは、一九三三年（小林多喜二の拷問死、佐野学・鍋山貞親の「転向」声明発表の年—筆者注）以降は消滅し、二〇年をへてこの言葉が復活したときには、このような政治的文脈から意識的に離脱するための旗印として同じ言葉が使われたのである」とまで述べて、戦後のサークル運動が共産党の赤色サークル主義に基づく運動と断絶していることを激しく強調した(14)。戦前の非合法共産党にはじまる政治運動の一環としての「目的意識性」を重視する三浦と、戦後民主主義の下での「下からの」集団形成という「自然成長性」を重視する鶴見の論理が交わらないことは、火を見るより明らかであった。

その限りで、「大衆思想雑誌」を目指した第三次『思想の科学』と、「革命の最小単位」としてのサークル活動の意義を重視する三浦の思惑が重なることはなかった。両者の共闘関係は第三次『思想の科学』が週刊誌報道の余波（『サンデー毎日』が思想の科学研究会で会費が着服されているとの記事を掲載し、思想の科学研究会側はこれを事実無根として激しく抗議した事件—筆者注）で停刊すると、高木も三浦も思想の科学研究会を去ることで終わった。

その後、『思想の科学』グループは、一九五六年から五九年にかけて総合雑誌『中央公論』の誌面で「サークル紹介 日本の地下水」を連載することで、鶴見が掲げる「下からの」サークル論がサークル運動論の権威としての地位を獲得することになった。そして、三浦は、「一九五四年ごろから、サークル運動の理論的主導権は、プラグマチストのグループに属する人たち（『思想の科学』グループ—筆者注）、あるいはプラグマチズム的発想のマルクス主義者（生活綴方運動の指導者である共産党員・国分一太郎—筆者注）の手に帰した」と、鶴見や国分一太郎のサークル論を批判していくことになっていく。[15]三浦にとって『思想の科学』グループの影響下にあるサークル運動も、そして生活綴方運動も、「大きな理想も高度の目的意識も持たない人たちが、「文化的欲求をみた」すためにわれもわれもといたるところでサークルをつくりはじめた」ものに過ぎなかったのだ。[16]

実際のところ、一九五八年から六一年にかけて、労働省婦人青年局は全国の「働く年少者」の生活記録を募集し、その入選作を『雨にも風にも――働く年少者の生活記録』と題して、毎年刊行していた。その限りで、もはや生活記録運動は「目的意識性」をもつものではなく、若年労働者が生活に抱く不安や不満を解消する政策的ツールとして利用されることになったといえるだろう。

四 「大衆思想運動」への着目――サークル運動と創価学会の類似性

一方で、『人生手帖』と「緑の会」も、その急速な拡大にしたがって内部にきしみを生じさせていた。一九五四～五五年頃には、『人生手帖』の部数は八万部を突破し、「緑の会」の会員数は一五～二〇万人にまで達していた。[17]

こうして拡大していく「緑の会」に脅威を感じた既成のマスメディアは、一九五五年四月に、「緑の会は共産党の情報スパイ組織である」と憶測をもって報じた。さらに、発行元の文理書院と「緑の会」の関係も悪化しはじめていた。両者の対立の根幹にあったのは、社長の寺島文夫と、『人生手帖』の売り上げの一部を、地域での会合やハイキング、レクリエーションなどを実施している「緑の会」各支部への支援金に回して欲しいという「緑の会」サークル活動家との考え方の違いであり、寺島は「緑の会」が『人生手帖』から自立化する方向を否定したのである。

このような出来事をきっかけとして、「緑の会」も自立した文化団体としての活動を模索するようになっていき、その下準備として「緑の会全国連絡組織」の発足を呼びかけることになった（一九五六年八月、「緑の会」第三回全国集会での決定）。これにただひとり反対したのが寺島であり、これ以降、寺島による『人生手帖』の独善的支配は強まっていく一方となった。『人生手帖』創刊の話を持ち込んだ大和は一九五六年一〇月に文理書院を退職したし、ここまでの『人生手帖』誌面を理論的にリードしてきた三浦も『人生手帖』から追放されて、一九五八年一月からは新たに共産党系の哲学者・高橋庄治を執筆者に迎えて、共産党系の知識人により接近するかたちで誌面の再編が行われることになった。

したがって、「緑の会」にも、共産党、そして共産党の青年組織である日本民主青年同盟（民青同盟、一九五六年に民主青年団より改名）の影響力が強く及ぶことになった。ただし、寺島は、共産党や民青同盟のセクト主義を強く批判する立場をとっており、共産党機関紙『アカハタ』紙上で展開された寺島のサークル運動論批判に対しては、「日本共産党の人たちは、自分たちの言うことや書くことは絶対に正しいのだから、一切の運動はそれにしたがうべきだという考えをもっているようですが、こういう見当違いの意見をいただくことはできません」と敢然と反論を述べてもいる。[18]

共産党／民青同盟の党員／同盟員が、「緑の会」に続々となだれこんでくる状況を危ぶんだ横須賀は、『人生手帖』／「緑の会」を離れた。三浦と結婚した横須賀は、一九六〇年以降、日本社会党の機関紙『社会新報』の紙面で連載を持ち、のちには社会党婦人部の活動を支えることになった。[19] 先取りして述べておくと、三浦もまた、六〇年安保闘争を画期として、思想家・吉本隆明との共闘に踏み出し、『現状分析』などの誌面で、「独立マルクス主義」のあり方を検討していくことになった。

こうして『思想の科学』とも『人生手帖』とも関係を断った三浦と高木が関心をよせることになったのが、一九五〇年代に若年労働者のなかで組織を急拡大していた仏教系の新興宗教・創価学会である。高木は、「共産党と新興宗教の教団とは、本質的にはちがうものではあるが、現象的には非常に似通っている」として、中国共産党の活動方針に新興宗教との類似性を見いだしている。[20] 具体的には、「大衆を現在の苦悩から解放して、理想社会を地上につくりだすことを目的としている」こと、「党員・信者は模範的な人間であるように、実践倫理や規律を守ることが要求されている」こと、「組織は細胞活動であって、サークル活動の中で人間的な陶冶をしている」こと、「サークルでは、懺悔、反省、大衆討議が行われ、すべてを指導者がイデオロギー的に指導してゆく」ことをあげている。[21]

そしてまさにこの方針を遵守していたのが、「五〇年分裂」による党内での混乱が続くなかで、中国共産党・ソ連共産党の指導下で朝鮮戦争の後方攪乱としての日本国内での武装闘争に乗り出そうとしていた共産党ではなく（一九五一年二月、第四回全国協議会において武装闘争路線を決定――筆者注）、新興宗教として勃興しつつあった創価学会であった。一九五一年五月三日、創価学会の会長であった戸田城聖は、「アメリカの占領を受けている」日本の生活苦を目の当たりにして、「民衆はこの苦しみを逃れようと強く求めているが、今の共産党にはそれにこたえることができない」という認識のもと、[22]創価学会こそが苦しむ民衆を救うことができるのだと「折伏大行進」を開始して、全国各地で大々的な折伏＝信者の獲得運動をはじめたのである。創価学会拡大のはじまりは、武装闘争によって大衆からの支持を失った共産党に代わって「民衆」の「苦しみ」を受け止めようとしたこと――それは創価学会にとってもひとつのビジネスチャンスでもあっただろうが――にあったのだ。

そして実際、「折伏大行進」によって、東京から各地に勢力を拡大していった創価学会は、一九五五年には政治の世界に進出するなど、わずか数年の間に共産党を凌駕する組織へと発展することになった。創価学会の躍進を目の当たりにした高木と三浦が注目したのは、創価学会は信者に「人生観」と「生活規律」を提示することで、「サークルと専門団体」との「正しい結合」――それは共産党系のサークル運動が実現を目指すべきことであった――をすでに実現しているという点であった。[23]高木はこの点について、次のように説明している。

創価学会は、教育と大衆活動とをどのように結びつけているのであろうか。まず、第一に、教団に加入すればその日から大衆活動（ブロック・法座など）のさ中に投入されているし、上からはいつでも布教および行という大衆活動ができるように教育をされている。このため『折伏教典』や『聖教新聞』などによる指導があり、ブロックのサークル会議では、指導されるべき大衆がどこにどのような問題をもっているか、それをどう指導すべきかが常に討議される。したがって幹部教育の面を比較すると、共産党の細胞では知識と確信を観念的に身につけさせられるのに対し、創価学会のブロックのサークル会議では、実践的な行動の中でそれを身につけ、また『折伏教典』は活動の実際に即した指導書となっていて、観念的な新興宗教の方がかえって唯物論的であるというのが、皮肉にも事実となっている。[24]

そのような「正しい結合」こそ、高木と三浦が『人生手帖』／「緑の会」で実現してきたサークル運動にほかならなかった。したがって、二人はここにサークル運動と創価学会の類似性を見いだして、サークル運動と創価学会をともに「大衆思想運動」であると位置づけるに至るとともに、「人生観」と「生活規律」を人びとに提示できないままに「知識と確信を観念的に身につけさせられる」という共産党系サークル運動が有する限界性を指摘していくことにもなっていく[25]。

一方で、一九五〇年代後半の共産党は、一九五〇年代前半の武装闘争路線の放擲を決定した第六回全国協議会（一九五五年七月）の開催後、これまで共産党がサークル運動を政治的に引き回してきたことを自己批判して、大工場や公共セクターでの組織拡大を重視しながら地域のサークル運動の指導によって中小企業の労働者を党員に獲得しようとしていた。そして、その中心的運動となったのが、うたごえ運動である。しかし、サークル運動を政治的に引き回してきたことを自己批判したとはいっても、共産党のサークル運動への方針は、ほとんど変化がなかった。「緑の会」に対しても、「生活と個人的な悩みを中心に話し合う初歩的なサークルのなかでも、その悩みをほりさげて社会的矛盾に眼をひらくよう党が指導することは大きな意義を持っている」と、自由なサークルを目指してきた「緑の会」を思想的に「指導する」ことが共産党の任務であるとまで述べている[26]。これには、寺島も（無署名記事であるが執筆者は寺島と推測できる──筆者注）、「（民主）青年同盟員に指導された緑の会の支部がつぶれてしまったという実例がある反面、当の青年同盟自体が何度となくつぶれたり、つぶれたのと同様の沈滞状態にあるのに、緑の会は、各地の支部が四周年、五周年の記念行事を続々と実行している」と激烈な批判を行っている[27]。

ただし、第七回大会（一九五八年七‐八月）で共産党書記長に選出された宮本顕治の組織運営への反発や党内での理論的対立から、一九五〇年代末期の共産党は相当に混乱した状態にあった[28]。そのため、共産党は「抽象的な日常活動の強調や駅頭での『アカハタ』売り」しかできない状況へと陥り[29]、したがってサークル運動の指導も形骸化するばかりで、創価学会との勢力の差はひろがるばかりであった。

創価学会の急拡大には、共産党も強い危機感を抱いていた。「創価学会の組織と影響は、中小企業の未組織労働者と失業者、零細商人、その他の都市の貧困者のあいだにもっとも強くのびている」と、共産党系の研究者は創価学会の信者の階層を分析している[30]。実際、「大阪の場末の零細商人は、「政治に不満をもち、共産党の支持者だった」というが、不況で商売が行き詰まったとき折伏を受けて商売が持ち直し、今では一家をあげて創価学会の熱心な信者になっているという例もあり、これは「（生活の苦しさの――筆者注）不満のハケ口を創価学会にみいだしている」のだと分析されている[31]。また、母が創価学会に入信したという川崎市在住の青年男性は、「貧民窟、労働者住宅地で、共産党の得票も一番多いところ」であっても、かつての共産党のシンパが相当数入信していたり、一九五〇年のレッド・パージ後に共産党を離党した人が入信している例もあると指摘している[32]。実際、一九五七年末の段階で創価学会は七五万世帯の折伏を実現したという[33]。

そのような創価学会の力量を見せつけたのが、一九五九年六月に行われた第五回参議院選挙での躍進である。創価学会系無所属候補は、共産党が全国で獲得した五五万票をはるかに上回る二五〇万票を獲得して勢力を急拡大し、後述するように一九六四年には公明党を結党するに至る。高木は、この創価学会の躍進を、「政党の末端活動家や新興宗教の組織を分析しているわれわれにとってはすでに予測されていた事態であって、実証資料が提示された感が深い[34]」とまで述べている。その当時、創価学会の『聖教新聞』が約五一万八千部発行されているのに対し、共産党の『アカハタ』は約三万五千部発行されるにとどまっていた[35]。そしてその創価学会の強力な支持層は、「若い人」であり、そして「極端な貧困者」であるとやや侮蔑的に指摘しているのは[36]、共産党系の研究者であった[37]。言い換えるならば、共産党は創価学会が勢力を拡大していった「若い極端な貧困層」に積極的に自党への支持を働きかけようとはしてこなかったのである。

そして、「緑の会」内部でも創価学会に走る会員が現れていたように、いかに「緑の会」が創価学会に対抗するのかが問題化していた。そのうえ、民青同盟による「緑の会」への働きかけも強まるばかりで、一九五八年一二月には、「緑の会」サークル活動家から、「緑の会」内部の民青同盟員が「緑の会」の民青同盟への転化を狙っているとの批判が出ることにもなった[38]。もはや、「緑の会」は、創価学会の学会員と共産党の支持者をそれぞれ獲得するための草刈り場となってしまったのである。

しかも、一九六一年七月に開催された共産党第八回大会で、宮本顕治が権力を一元的に掌握して以降の共産党は、選挙闘争による議会進出を本格化した。したがって、共産党は、選挙闘争のために地域での党員を積極的に獲得する方針に転換することになり、その党員獲得の草刈り場として注目したのが「緑の会」であった。こうして「緑の会」は、公安警察からは共産党の大衆団体のひとつと見なされるようになり、「緑の会」は「桃色サークル」「ピンクサークル」（真っ赤＝共産党ではないが、共産党の影響が強いということを意味する――筆者注）と呼ばれるようになった。

おわりに

一九五八年四月に病死した戸田から創価学会第三代会長を引き継いだ池田大作は、創価学会の政治進出を本格化させた。一九六二年には所属の参議院議員により公明政治連盟を結成し、一九六四年一一月にはこれを公明党に発展させた。そして、「宗教政党」として衆議院への進出を宣言して、一九六七年一月の第三一回総選挙で公明党は衆議院で二五議席を獲得した。

一方で共産党も、地域での地道な党勢拡大運動（機関紙拡大運動）が奏功して、一九六〇年代を通じて少しずつ議席数を増やしていき、一九六九年一二月の第三二回総選挙では、一九四九年一月の第二五回総選挙で三五議席を獲得して以降、はじめて二桁の議席数（一四議席）を獲得するに至った。これは、都市部で社会党の票を奪った結果であった。ただし、第三二回総選挙での公明党は四七議席を獲得して、衆議院第三党となっている。

国政から地方に視点を転じると、一九六〇年代半ばから一九七〇年代は、社共両党が提携する「革新統一」の力によって、各地に革新自治体が叢生した時代であった。その象徴的存在が、一九六七年に東京都知事に就任した美濃部亮吉である。「革新統一」の成功と、そしてとりわけ都市部での社会党の退潮傾向に自信を深めた共産党は、一九七〇年七月の第一一回大会で革新統一戦線による民主連合政府の樹立を掲げて、着実に党勢を拡大していくことになった。

一九七五年七月、公明党の頭越しに、創価学会が共産党と協定（創共協定）を結んだのは、支持基盤が重なり合う共産党の伸長を牽制する意図もあっただろう。ただし、創共協定は、そのはじまりの時点で事実上破綻していたし、一九八〇年一月に公明党と社会党は社公連合政権構想（社公合意）を発表して、共産党を連合政権構想から排除した。以降、共産党の党勢は伸び悩み、一九九四年に自民党、新党さきがけとの連立政権を組んだ社会党も一九九六年に解党することになった。その後の旧社会党の離合集散の過程は、複雑極まりない。

結局のところ、創価学会／公明党だけが生き残った。一九九九年からは自公連立政権を組んで長く政権与党の座にある（二〇〇九年から一二年にかけての旧民主党政権期を除く）。

ただし、共産党員が高齢化しているように、創価学会支持者／公明党員の高齢化も進んでいる。共産党の志位和夫委員長の長期在任（二〇〇〇年に委員長に就任）が問題視されたように、公明党の山口那津男代表も二〇〇九年以来代表の座にあり、その後継者探しも難航している模様である。

本稿で明らかにしてきたように、共産党と創価学会は一九五〇年代に若年貧困層からの支持を争った。年齢構成も重なり合う両組織の今後の動向に注目することは、日本の高度経済成長の「本当の終焉」を見守る経験となるように思われる。

注

（1）福間良明『「働く青年」と教養の戦後史―「人生雑誌」と読者のゆくえ』筑摩書房、二〇一七年、一六～一七頁。
（2）福間前掲書、および天野正子「緑の会」思想の科学研究会編『共同研究 集団―サークルの戦後思想史』平凡社、一九七六年所収。
（3）加瀬和俊『集団就職の時代―高度成長のにない手たち』青木書店、一九九七年、一五頁。
（4）駒田錦一「勤労青少年教育の視点―青少年教育調査より観た勤労青少年の生活実態を中心として」『社会教育』八巻六号、一九五三年六月、四二～四三頁。
（5）駒田錦一「都市青年の生活実態―勤労青少年教育の視点（二）」『社会教育』八巻七号、一九五三年七月、四〇～四四頁。
（6）駒田錦一「工場青年の生活実態」『社会教育』八巻八号、一九五三年八月、三二～三三頁。
（7）ただし、一九五四年の近江絹糸争議では、寄宿舎での勝手な私信の開封、外出の禁止など個人の尊厳に関する問題を女子労働者が訴え、「人権争議」として当時の大きなニュースとなった例もある。したがって、必ずしも紡績工場の就業環境が優れていたというわけではないことにも注意が必要である。
（8）駒田「工場青年の生活実態」三四～三五頁。
（9）西田誠行「働く青少年の福祉を如何にはかるか―住込店員の生活実態とその対策」『社会事業』四〇巻九号、一九五七年九月、四四～四五頁。
（10）今井敏夫「緑の会活動小史」私家版、一九六六年、一頁。
（11）記念シンポジウムを記念する会編『読む人・書く人・編集する人―『思想の科学』五〇年と、それから』思想の科学社、二〇一〇年、一二八頁。
（12）同前、九二～九三頁。
（13）三浦つとむ『大衆組織の理論』勁草書房、一九五九年、一二八頁。
（14）鶴見俊輔「戦後日本の思想状況」『岩波講座 現代思想』第一一巻、岩波書店、一九五七年、六五頁。

(15) 三浦前掲『大衆組織の理論』一〇一頁。
(16) 三浦前掲『大衆組織の理論』一〇一〜一〇二頁。
(17) 編集部「緑の会の概略史」『緑の会全国協議会一九六二—六四 論文集』私家版、三二頁。
(18) 寺島文夫「緑の会と共産党について—『サークル運動』の書評をめぐって」『人生手帖』一九五九年五月号、一三六〜一三七頁。
(19) 横須賀壽子編『胸中にあり火の柱—三浦つとむの遺したもの』明石書店、二〇〇二年、二二五頁。
(20) 高木宏夫『新興宗教』大日本雄弁会講談社、一九五八年、二三七頁。
(21) 同前。
(22) 佐木秋夫、小口偉一『創価学会』青木書店、一九五七年、一三七頁。
(23) 高木宏夫『日本の新興宗教—大衆思想運動の歴史と論理』岩波書店、一九五九年、六〇頁。
(24) 高木宏夫「選挙と組織活動—革新政党・創価学会・ナチスを比較しつつ」『思想』第四二一号、岩波書店、一九五九年七月、一三一〜一三二頁。
(25) 同前、一三一頁。
(26) 長谷川浩「青年運動と青年同盟」『前衛』一九五九年五月号、本稿では「サークルの「自由」について」『人生手帖』一九五九年七月号、一三七頁より重引。
(27) 同前「サークルの「自由」について」一三八頁。
(28) 黒川伊織『戦争・革命の東アジアと日本のコミュニスト—一九二〇—一九七〇年』有志舎、二〇二〇年、第一一章参照。
(29) 前掲「選挙と組織活動」一二九頁。
(30) 春日正一「創価学会の進出の教えるもの（上）」『アカハタ』一九五六年九月五日号：前掲『創価学会』一六八頁。
(31) 前掲『創価学会』一七一頁。
(32) 原知明「川崎の創価学会—母に入信されて」中央労働学院校友会機関誌『中労』第二号、一九五七年一一月、一一三頁。
(33) 佐木秋夫「創価学会の思想と行動」柳田謙十郎、佐木秋夫編『現代日本宗教批判』創文社、一九六七年、一八四頁。
(34) 前掲「選挙と組織活動」一二五頁。
(35) 前掲「選挙と組織活動」一三三頁。
(36) 前掲『創価学会』一六四頁。
(37) 前掲『創価学会』を執筆した佐木秋夫も小口偉一も東京帝国大学宗教学科の出身であり、佐木は共産党系の民主主義科学者協会の会員でもあった。
(38) やまき・まなぶ「民主青年同盟への提言」『人生手帖』一九五九年一二月号、一三四〜一三七頁。

（くろかわ いおり・神戸大学大学院国際文化学研究科協力研究員）

論文

エンゲルスの『自然の弁証法』を読む

――科学の理解をひろげるために――

槙野理啓

二〇二三年一月、関西唯物論研究会の例会に、「エンゲルスの『自然の弁証法』を読む」というテーマで報告の機会を得た。「報告」といっても、私は研究者ではないので、標題のとおり、「読む」という取り組みについての報告にすぎず、ことさら議論をお願いするような内容ではなかった。この「報告」を補足しつつ、「科学の理解をひろげるために」実践してきた関西勤労者教育協会（以下、関西勤労協とよぶ）および関西労働学校での取り組みを報告したいと思う。

関西勤労協は、大衆的学習教育運動をすすめている団体である。その中心的活動である関西労働学校では、哲学・経済学・階級闘争論からなる基礎理論や、近現代史、労働組合論などの教室を、週一回全一〇回を基本に、年三期開講している。また、唯物論や弁証法、『資本論』、政治学、自然科学などの講座を、月一回または二回全一〇～一五回を基本に開講している。

私は、関西勤労協の講師活動をはじめて三〇年ほどになる。はじめに「研究者ではない」とことわったのは、哲学・経済学・階級闘争論、その他どの分野にしても、「自分が学ぶ」ということと、「いかに広げるか」ということが課題であって、その内容について専門的に研究しているわけではないからである。本業は理科の教員で、大阪府立の高校に三五年勤め、退職して一〇年余りになる。以前は、労働学校のいろいろな教室を担当していたが、最近は、唯物論や自然科学にかんするものを中心に、月一回の講座を二つ開かせていただいている。「唯物論の歴史」「ものの見方・考え方、そして変え方」「働くみんなの自然科学」「面白くない宇宙の話」「面白くない生命の話」「エンゲルスの『自然の弁証法』を読む」「働くみんなの科学論」といったタイトルの講座である。受講者は、人数的には二〇〜四〇人程度、おもにリタイア組だが、自覚的に、熱心に受講されている。また、コロナ禍の副産物として、WebもしくはDVDでの受講も可能になり、現役の労働者・活動家、大阪府外からの受講者もおられる。

私の本業であった高校の理科は、「物理」「化学」「生物」「地学」に分かれている。教員免許は「理科」だが、採用は「物・化・生・地」別々におこなわれる。高校にはふつう、大職員室のほかに教科ごとの職員室があるが、理科は科目ごとの職員室（研究室）とさらに実験室があって、教員はいずれかの研究室に席をもつことになる。「物・化・生・地」の自立性がかなりの程度認められているということである。実際の授業担当は、科目ごとのコマ数と教員配置の関係から、二つ、三つの科目にまたがって担当する教員も出てくるが、おもな担当科目はだいたい決まっているということである。教育研究についても、「理化研究会（物理と化学）」「生物研究会」「地学研究会」に分かれていて、私は「生物研究会」に顔を出したことはあっても、他の研究会にかかわることはなかった。

私は、大学では農学部で畜産を専攻し、民間飼料会社に就職した経験もある。しかし、理科教育も生物学も、本格的に勉強したことはない。「生物」で採用され、「生物」に席を置いていたが、「生物」にそれほどこだわることはなく、「化学」「物理」「地学」の埋め合わせを担当したり、「総合科学」とか「理科実験」とかいった学校設定科目（教科書がなく、授業内容は担当者に任される）を担当したりしてきた。

Ⅰ　科学についての問題意識

少し長い自己紹介になってしまったが、それは、今回の報告の問題意識とかかわるからである。多くの人たちは「科学」をどのように受け止めているか、世間では「科学」はどのように扱われているか、働くものは「科学」をどのように理解すべきか、いまを生きるものとして「科学」をどのように学ぶべきか、といった問題である。

科学とは何か

国語辞典によると、科学とは、「一定の領域で、現象を一定の目的・方法のもとに研究し、得られた種々の知識を体系化・原理化し、またその応用を考える学問」（旺文社）とか、「観察や実験など経験的手続きによって実証された法則的・体系的知識」（広辞苑）とか説明される。つまり、科学は学問の一方法であり、それが学問一般と区別されるのは、「一定の目的・方法」あるいは「経験的手続き」のもとで研究され「実証」された知識であり、「法則的」で「体系化」された学問だというところにある。したがって、科学の研究対象は自然現象に限定されるわけではないのだが、科学といえば「自然科学」あるいは「理科」の話のように受け止められることが多く、いずれの国語辞典でも「狭義には自然科学」となっている。

さらに重要なことは、科学は学問の一方法であり、「自然や社会にたいする人間の経験的かつ合理的な知的探求の総体」（牧野広義「科学論」）ということである。『社会科学総合辞典』（新日本出版社）では、さらに詳しく次のように説明される。「人間は、実践・実験・調査・観察などによって得た知識を、整理・分析・総合して、概念や仮説をつくり、それを実践によって検証し、現象の客観的な法則を明らかにし、一群の基本法則をもとに理論体系をつくる。以上のような理論活動の全体が科学である」。つまり、科学とは、人間の理論的認識活動であり、個々の知識やその応用としての技術だけでなく、「知的探求の総体」、すなわち認識活動の全体をさすものなのである。

科学と聞いて何を思うか

では、一般には、科学はどのように受け止められているか。

高校一年生、理科の最初の授業で聞いてみた。科学と聞いて何を思うか、クラスの全員に答えてもらう。私は三五年間の教員生活のなかで、いわゆる「進学校」と「困難校」を二つずつ、四つの高校を経験したが、進学校と困難校では反応がちがう。

まず、進学校では、「何を思うか」というような答えのはっきりしない質問にはなかなか答えてくれない。それでもなんとか重い口を開いて、ようやく出てきた答えが、科学と聞くと「難しい」。次の生徒は「ややこしい」。そして「嫌い」……。四〇人なら四〇人、ほとんど全員が「難しい」「ややこしい」「嫌い」「記号を覚えるのが大変」「計算が苦手」などと答える。それでいて、行儀はよくて、しっかり勉強し、試験にはちゃんと答えてくれて、卒業して大学へ行く、ということになっている。

困難校ではどうか。当然、反応がちがうだろうと予想していたが、まったくちがった。科学と聞いて何を思うか、簡単に答えてくれる。圧倒的に多い答えが「実験」「白衣」「ビーカー」の類いである。「難しい」と答える生徒は皆無。「難しい」と感じるには、記号を覚えるなり、計算するなり、手をつけなければならない。やってみてはじめて「難しい」とわかるわけである。勉強から離脱している困難校の生徒は「難しい」とは思わない。それだけではない。そうした率直な、幼い答えに交じって、多くはないが、どのクラスでもかならず出てくる答えがある。進学校ではまず出てこない答え、それは何か。科学といえば「宇宙」「未来」「発展」。

この進学校と困難校、それぞれの反応は何を意味するか。素直には、科学は素晴らしい、科学はすごい、科学は正しい。しかし、現実には、科学は難しくて、ややこしくて、自分の手の届くところにはない。多くの人はそのように感じているのではないだろうか。

それは高校生だけではない。現代人の生活は科学技術ぬきには考えられないから、科学の重要性を多くの人が認めている。何事にもエビデンス（科学的根拠）が求められる。だけど、それは自分の手の届くところにはない。科学は、すごいのだろうが難しい、正しいのだろうが冷たい。だから、科学、科学というよりも、人間性を大事にしたい。その結果、世間は、オカルト、占い、霊感などであふれかえっている。そして、「原発は環境に優しい」とか、「リニア新幹線は夢の技術」、「検査を拡大すると医療崩壊がおこる」などと吹聴されている。

どこに問題があるのか

なぜそうなるか。一つには、科学という言葉のイメージである。「科学」というと、まず自然科学が思い浮かび、高度な知識や専門家・研究者を想像する。社会科学や横断科学は念頭になく、自然科学にしても、自分との関係はあまり意識されない。そして、「科学」という言葉自体の問題もある。「科学」は、英語の science やドイツ語の Wissenschaft の訳語だが、科学の「科」は、個別のもの、分けられたものをさす。病院は、内科、外科、小児科などに分けられ、大学もまた、さまざまな学科に分かれている。科学そのものも、自然科学、社会科学、横断科学というように分けられるし、自然科学なら自然科学も、力学、物理学、天文学、化学、生理学、地質学などなどに分けられる。

科学はたしかに分けられる。しかし、分けられるから「科学」なのではなく、先に見たように、科学とは、経験的かつ合理的な知的探求の総体をさすのである。scienceや Wissenschaft は、知識や学問の全体をさす言葉であり、それ自体に「科」の意味合いは含まれていない。だから、ただ「科学」と言うよりは、「科学的なものの見方」とか、「方法としての科学」とか言った方が、science や Wissenschaft の意味するところが、より正しく伝わるように思う。しかし、一般的には、「科学」はあたりまえに使われ、分けられたもの、専門的なものというイメージを強くともないながら、「科学」というと、自然科学であり、その成果としての知識や科学技術のほうに目が行きがちになるのである。

しかも、実際のところ、科学は分野ごとに細分化される傾向、専門化される傾向を強めており、科学的な知識や技術はブラックボックス化している。データをインプットすれば期待した結果は出てくるけれども、そのしくみはほとんど知らない。「CP対称性の破れ」「ニュートリノ振動」「クロスカップリング」「リチウムイオン電池」「iPS細胞」「オートファジー」などなど、ノーベル賞で話題になって、すごい話なのだろうけれど、素人がわかるようなものではない。こうして科学は、一般人とは縁遠い、特殊な営みのように思われているようである。

しかし、科学は、個々の知識や技術だけをいうのでもなければ、有能な科学者の占有物ということでもない。たとえ科学者でなくとも、科学的なものの見方は、誰もが身につけ、活用していくべきものではないだろうか。

学習教育運動としてできること

自然科学を扱う出版物はいくらでもある。ただ個別のテーマを論じるものがほとんどで、自然科学全体を論じるものはあまりない。あったとしても、たいがいはシリーズ形式で、専門家の共同執筆である。それが内容の正確さを保証するものとなっている。特定の著者が一人で書いたものもあるが、その場合は、「おもしろ科学」とか「科学のふしぎ」とかいった取り上げ方の著作になっているものが多いようである。それはそれで興味深いものではあるが。

つまり、科学はあまりにも細分化されているのではないか、研究者も専門化し高度化し個別化が極まっているのではないか。もちろんそれは、科学の発展の結果として当然のことであり、非難されるようなことではない。しかし、科学が専門化し高度化していることが、科学を一般人から、あるいは社会から遠ざけているとしたら、放置することはできない。研究者には、自分の専門分野だけでなく、基礎となる分野や隣接する分野についても関心を向けることが求められるし、科学を受け止める側の一般人には、科学を理解し、科学に親しみ、科学を尊重する姿勢を身につけることが求められる。

そこで、大衆的学習教育運動の出番である。ところが、関西勤労協でも、社会科学については十分な実績があるが、自然科学についてはほとんど経験がなかった。宇宙の話や生命の話、環境問題など個別のテーマで学習会を開くことはあっても、自然の基本的なしくみや自然科学の全体像を扱うことはなかった。そこで、自然科学全体を論じる講座ができないだろうか、それも専門家の目ではなく、一般人の感覚と知識で理解でき、しかも体系的にまとまったものをめざしたい、と思いいたったわけである。八年前くらいに思い立ち、六年前くらいから実際に講義をはじめ、議論と実践のなかから「働くみんなの自然科学」というテキストを完成させ、講座も開いてきた。こうした取り組みのなかから、今回報告した「エンゲルスの『自然の弁証法』を読む」という講座も開くことになったのである。

Ⅱ　エンゲルスの『自然の弁証法』を読む

教材にしたのは、『[新メガ版]自然の弁証法』秋間実・渋谷一夫訳（一九九九年、新日本出版社、以下「本体」とよぶ）と、科学的社会主義の古典選書『自然の弁証法〈抄〉』秋間実訳（二〇〇〇年、新日本出版社、以下「抄本」とよぶ）である。

この『自然の弁証法』は、エンゲルスが一八七三年から一八八二年のあいだに書きしるしたもので、このなかには、大量の個々の覚え書き、細目にわたる諸問題の予備作業的研究、著述の構想をしるした下書き、抜粋風の文章、こうしたものが入っているが、著者が折りにふれて「章」とも言っている比較的にまとまった長めの完成稿もいくつかは入っている。テキストの総数は一九七にのぼる。著作は、完成されずに終わり、したがって、エンゲルスの存命中には刊行されなかった（この説明は、このあと取り上げる「編者による序論」による）。

講座として扱ってはどうかという提案を受け、「本体」の草稿群に目を通しはじめたものの、講義としてどのように組み立てたらよいか、見当もつかなかった。そこで、

「抄本」に収められている訳者による解説に目を移し、まずは［新メガ版］の意義をとらえることにした。次の説明は、秋間実氏による解説を槙野が要約したものである。

この草稿群は、エンゲルスの死後三〇年もたって、一九二五年にソ連邦でロシア語版としてやっと日の目を見た。一九三五年には『旧メガ特別版（アドラツキー版）』」が刊行され、以後、草稿の編集・刊行は何回も行われてきたが、それらの特色は、二つの「計画草案」のあと全体をいくつかの長い「論文」の部と、多数の短い「覚え書きと断片」の部とにはっきり二分し、さらに後者をいくつかの主題ごとに束ねるという、一種独特な「体系的配列」にある。

これにたいして、一九八五年刊行の『新メガ』（ベルリン・フンボルト大学アネリーゼ・グリーゼを長とする編集作業グループによる）では、テキスト巻の前半ですべての草稿を、一から一九七まで執筆順に配列し、そしてこの配列の根拠を編者たちによる論考「成立と伝承」のなかで具体的におおむね説得的に述べ、テキスト巻の後半には体系的に配列しなおした全草稿を掲げる、という二部構成をとっている。この「体系的配列」は一九四一年のロシア語版テキスト以来の構成に執着する「モスクワの研究所の代表者たち」との激論の末に生まれた「一つの妥協」なのであって、これにはだれも満足していない、とグリーゼは明言している。そもそも「読みやすさ」を旗じるしに、複数のテキストを主題別に並べて、それが書かれた時期・背景とその成熟度の違いにはおかまいなしに、同じ陳述価値をもったものとして取り扱うことにどんな意義があるのか、と「体系的配列」を厳しく批判しているのである。

これで、講座として扱う意欲が出てきた。草稿群は、一種独特な「体系的配列」にしたがって扱う必要はなく、執筆時期も含めた資料群として、読み手の側が学びとっていくことが許されると思ったわけである。さらに、「本体」が、草稿群と、理解の手助けとなる「三点セット」（秋間実）――「編者による序論」「成立と伝承」「注解」から構成されていることを知り、その「三点セット」を読み解きながら、草稿群にも目を通していった。そして、研究者ではない私が講義するなら、もっともよく研究されたであろう「編者」に頼るべきだという決心がついた。つまり、「編者による序論」を軸にして、講座を構成しようという方向性が定まったのである。

講座は一〇回の講義を想定している。そこで、全一四章からなる「編者による序論」を四回の講義に編成しなおし、断片的な草稿のいくつかは、この四回の講義のなかで「編者による序論」にしたがって取り扱うことにした。そして、残り六回の講義を、「抄本」に取り上げられている五つの「比較的にまとまった長めの完成稿」――「序論」(二回)、「『デューリング論』の旧序文、弁証法について」、「弁証法」、「サルがヒトになることに労働はどう関与したか」、「心霊界での自然研究」で構成し、二〇二二年二月に開講した。

以下、「編者による序論」および「長めの完成稿」五編による講座の概要を述べる。各講の標題は、第六～九講はエンゲルスによる標題そのもの、その他は槙野によるものである。また、第一、二、三および一〇講の説明は、「編者による序論」の一～一四章にあてられた標題であり、第四～九講の説明は、主要な論点を槙野がごく簡潔にまとめたものである。

第一講　『自然の弁証法』はどんな著作か(「編者による序論」一～三)

執筆の出発点／執筆の歴史的社会的背景／『自然の弁証法』の前史

第二講　エンゲルスは何をめざしたか(「編者による序論」四～七)

弁証法的唯物論を深め豊かにする／唯物論的弁証法をいっそう発展させる／弁証法と自然科学・自然科学者／イデオロギー闘争に参加する

第三講　エンゲルスが学んだこと(「編者による序論」八～一〇)

ヘーゲル哲学を勉強する／カントの星雲説からも古代ギリシア自然学からも学ぶ／自然諸科学を勉強する

第四講　序論前半―近代科学の成立と発展

近世の自然研究がルネサンスに始まること、それが発展しまた形而上学に陥ったこと、それにたいしカントが「化石化した自然観」に突破口を開き、弁証法的な自然把握がすすめられ、一九世紀には「新しい自然観」が基本的にできあがったことが論じられる。

第五講　序論後半―宇宙・生命・人間

旋回し灼熱しているもやの塊から、その収縮と冷却とをつうじて無数の太陽と惑星が生じたこと、地球の冷却がすすむにつれて、生命が誕生し進化し、人間が生み出されたことが論じられる。今日の自然科学の到達点からは、訂正すべき内容が多いが、基本的な理解の方向性は読み取れる。

第六講　『デューリング論』の旧序文。弁証法について

デューリング批判をとおして、経験的方法による自然研究の成果を互いに正しく関連させるための理論の重要性と有効性、弁証法だけが自然の発展過程とその大局的な連関を説明する方法であること、自然研究者があまりにも哲学を知らないことなどが論じられる。

第七講　弁証法

弁証法のいわゆる「三つの法則」は、ヘーゲルにおいては神秘的に見えるが、「事柄をひっくり返してみれば、すべてが簡単明瞭になる」として、「量の質への急転またその逆の急転という法則」について具体例をあげながら詳しく論じられる。第二、第三の法則には論及していない。

第八講　サルがヒトになることに労働はどう関与したか

ダーウィンにしたがって、直立二足歩行から、手が自由になったこと、道具の製作、労働と言語、社会の形成、肉食の影響、人間生活の展開によって、人間が自然を支配するようになったこと、そして自然からの反作用として「自然はわれわれに復讐する」ことが論じられる。

第九講　心霊界での自然研究

自然研究者として功績のある人たちが心霊術のとりこになっていることについての批判が論じられる。心霊界や霊媒の欺瞞性を暴露し、「経験を盾にとって弁証法を軽視すれば」、心霊信仰にさえおちいることが論証される。

第一〇講　『自然の弁証法』が語っていること（「編者による序論」一一～一四）

二つの基本思想―自然は諸物体の全体連関であること、自然には一つの歴史があること／諸科学の弁証法的内容を問題にする／物質の運動諸形態の連関が諸科学の連関の基礎である

専門領域をこえて

「編者による序論」は、最後に、「エンゲルスは、自然科学者たちに、みずからの活動のなかでの分業の否定的諸影響を克服して諸科学の統合を意識的に考慮に入れよ、と要求した」と述べている。私の問題意識にもっとも響いたのが、この一文である。

自然科学者にとって「分業の否定的影響」の克服が課題だと指摘しているのであるが、この「分業の否定的影響」とはどういうことか。『自然の弁証法』の「序論」の冒頭、近代科学がルネサンスに始まることを述べているところで、エンゲルスは次のように言う。ルネサンスは「思考力と情熱と性格、多才と博学とを身につけた巨人を生みだした時代であった」、「ブルジョアジーの現代的支配の基礎を築いた男たちは、たとえ他のなんであれ、ブルジョア

的制約だけは受けていなかった」と。そして、ダ・ヴィンチ、デューラー、マキァヴェッリ、ルターをあげて、「あの時代の英雄たちは、このとおりまだすこしも分業の奴隷になどなっていなかったわけで、人を制約し一面的にする分業のもろもろの作用をあれほど見せつけられるのは、かれらの後継者たちにおいてなのである」と指摘している。

つまり、近代科学をきりひらいた「英雄たち」はじつに多才であり、「分業の奴隷」にはなっていなかった。ところが、資本主義が「分業」をもたらし、その発展につれて、「人を制約し一面的にする分業のもろもろの作用」が顕在化するようになる、というのである。そのため、科学の専門化が進行し、科学者は自分の専門領域に専念するようになり、それが科学の高度化をもたらすとともに、「諸科学の連関」への関心が薄れていく。こうして、「あまりにも哲学を知らない自然研究者」や「心霊術のとりこになる自然研究者」までが生みだされ、また、科学が一般社会とは縁遠いもののように受け取られることにもなっていったのである。

この「課題」にたいし、エンゲルスはくりかえし、専門領域をこえて研究することの重要性を指摘している。『『デューリング論』の旧序文。弁証法について」では、にせ科学の横行によって専門家でもないエンゲルスが論争に加わらざるをえなくたったことについて、次のように言う。「どんな自然研究者も自分の専門を離れたところでは同じく一介の半可通、俗にいう素人、にすぎない、という言明である。そうした専門家でもときには隣接した諸領域にあえて手をつけてみることは許されてよいし、また許されなくてはならないように、そして、そういう場合には表現の不器用さと些細な不精確さとがその道の専門家たちからは大目に見られているように、わたしも、自分の一般的な理論的諸見解を証明する実例としてもろもろの自然事象と自然法則とを勝手に引用することにしたし、これが同じように大目に見てもらえることをあてにしてもよいであろう」と。

つまり、専門領域をこえて研究したり論及したりするときには、当然「不器用さ」や「不精確さ」をともなうであろう。研究者でもないものが、唯物論を論じたり、自然科学の全体像を講じたりすれば、専門家にとっては譲れない不十分さもあるだろう。しかし、科学的なものの見方についての理解をひろげたり、ニセ科学を批判したりするときには、専門領域をこえて、「隣接した諸領域にあえて手をつけてみることは許される」し、その場合の不精確さについては「大目に見てもらえる」というのである。私には、大いに励みになる論述であった。

Ⅲ　働くみんなの自然科学

次に、エンゲルスの『自然の弁証法』の前に取り組んできた「自然科学概論」の講座について、その概要を述べる。まず、二〇二一年一一月に開講した「働くみんなの自然科学」の案内文である。

新型コロナウイルスが猛威をふるいはじめて一年半、コロナ危機が明らかにしたのは、何と言っても新自由主義の破綻です。「規制緩和」「弱肉強食」「自己責任」では立ち行かないことが示されました。とりわけ日本は、世界的に見れば感染者数が抑えられているにもかかわらず、「医療崩壊」が現実のものとなり、「雇用破壊」がさらに深刻化し、「格差と貧困」がひろがっています。そして、これに対応してきた安倍・菅政権の「科学を無視する政治姿勢」には目に余るものがあります。

科学とは、事実にもとづいて、ひとつひとつ確かめながら、合理的な認識を獲得していく人間の営みです。人間は、自然に働きかけ、自然を自分に役立つものへとつくりかえながら生きてきました。原始時代から現代まで、自然を正しく理解することは、人間にとって必須条件なのです。

しかし、社会を支配する人たちは科学を嫌います。事実に縛られることなく、政治的思惑だけで「総合的に判断」し、自分たちのやってきたことを総括することもなく、反省することもなく、国民が納得できるような説明をする能力をもとうともしません。支配層は、利潤追求のために科学技術はおおいに利用しますが、けっして科学的であろうとはしないのです。

対する国民はどうか。科学は「正しい」「大切だ」とは思うものの、科学は「自分たちのものだ」というふうには、残念ながらなっていないようです。現代の自然科学は、あまりにも巨大化し高度化し、細分化され専門化され、自然科学は「科学者の仕事」であって、「ふつうの人には理解しがたいもの」のように思われるからでしょう。

ポストコロナに新しい社会をつくっていくという大きな課題に直面しているいま、私たち働くものが、自然科学についても、その基礎から最前線までを全体的・体系的に学ぶことが求められているのではないでしょうか。

こういう問題意識のもとにまとめた「働くみんなの自然科学」のカリキュラムは以下のとおりである。自然の階層性から、天体、地球、太陽、太陽系、銀河、原子の構造、元素の周期律、化学結合、化学反応、運動の法則、ニュートン力学、エネルギー、核反応、生命の特徴、細胞、進化、単位膜、タンパク質、核酸、生殖、発生、特殊相対性理論、一般相対性理論、膨張宇宙、宇宙背景放射、恒星の寿命、宇宙の大規模構造、量子力学、粒子性と波動性、科学的真理まで、それぞれのテーマを理解しようとするときの基本的な知識や考え方を、できるだけ易しく、かつ論理的に構成するよう努力をした。

第一課　自然はどうなっているか
科学とは何か／自然の階層性／なぜ?と問うことが許される

第二課　私たちの住む星
夜空に見える無数の星／地球はどんな星か／太陽系・銀河系・大宇宙

第三課　物質の構造と変化
原子とはどのようなものか／どのような原子があるか／日常の世界を原子の動きでとらえる

第四課　運動の法則
物体の運動をとらえる／力とは何か／ニュートン力学

第五課　エネルギーとは何か
エネルギーとは何か／いろいろなエネルギー／核反応と放射線

第六課　生命とは何か
生きているということ／生物は細胞でできている／生物は進化する

第七課　生命のしくみ
生命現象の舞台／生命現象の主役たち／生命をつなぐ

第八課　アインシュタインが考えたこと
アインシュタイン以前の物理学／同時は同時でない／空間が曲がる

第九課　宇宙はどうなっているか
膨張する宇宙／ビッグバン宇宙論／宇宙に果てはあるか

第一〇課　自然は汲みつくせない
自然は飛躍する／量子力学の世界／自然は汲みつくせない

Ⅳ　働くみんなの科学論

次に、こうした取り組みのなかから着想を得て開講した「科学論」の講座について、その概要を述べる。同じく、二〇二二年九月に開講した「働くみんなの科学論」の案内文である。

安倍晋三元首相が凶弾に斃れました。「卓越したリーダー」「日本経済の再生をすすめ」「日米同盟の信頼の絆を取り戻した」と称賛する向きもあります。しかし、政権降板後も含めたこの一〇年、「安倍政治」が日本社会にもたらしたものは何であったか、見過ごすことはできません。先の参議院選挙では、改憲勢力が国会の三分の二を占める状況がつくられ、「安倍政治」の危険性はむしろ高まっています。

一つには、「戦争する国づくり」です。周到に、執念深く、憲法九条の形骸化がねらわれています。安倍政治のもう一つの特徴が、「究極のモラル破壊政治」です。情報隠蔽、統計偽装、公文書改竄、虚偽答弁、答弁拒否、政治の私物化、官僚の忖度……。

これは科学にたいする攻撃だ―私は、そういう問題意識をもつようになりました。

科学とは、事実にもとづいて、ひとつひとつ確かめながら、合理的な認識を獲得していく人間の活動です。それは、事実をとらえるところから始まります。根拠があるわけですから、説明を求めることができるし、説明することもできます。検証し、総括し、反省することもできます。ところが、私たちの国の政治では、調べない、説明しない、総括しない、反省しない、がまかりとおっているのです。

科学とは何か―これを明らかにするのが「科学論」です。明確な弁証法的唯物論の立場からの科学論としてよく知られているのが、見田石介さんの『科学論』や井尻正二さんの『科学論』です。でも、どちらもたいへん難しい。何とか読み始めても、目を通すので精一杯、なかなか中身が入ってきません。それはなぜか。科学するための科学論、科学者のための科学論だからなのではないか、と思うわけです。

もちろん、それは必要なことですが、多くの人は科学者になろうとしているわけではありません。私もそうですが、科学を受け止めよう、科学的なものの見方を身につけようとしているだけです。そういう人のための科学論があってもいいのではないか。そう思い立ってまとめたのが、「働くみんなの科学論」です。

自分にとって科学とは何か──いっしょに考えてみませんか。

こういう問題意識のもとにまとめた「働くみんなの科学論」のカリキュラムは以下のとおりである。科学という言葉から、科学のブラックボックス化、ニセ科学、現象と本質、科学と哲学、科学の方法論と認識論、哲学の根本問題、近代の哲学、現代の観念論、物質、意識、科学的精神、弁証法的なものの見方、連関と発展、原因と結果、偶然と必然、真理の探究、人間性、宗教、不可知論、非科学・反科学、科学の階級性まで、「科学」についてさまざまな側面から考えてみた。その際とくに意識したのは、科学と社会との関係であり、民主主義や共同に科学が不可欠であることを伝えるよう努力をした。

第一課　科学という言葉
「科学」と聞いて何を思うか／「科学」という言葉／ニセ科学を批判するわけ

第二課　科学とは何か
現象と本質はちがう／科学とは何か／科学はどのように論じられるか

第三課　唯物論と観念論
哲学の根本問題／近代以降の哲学／なぜ「哲学の根本問題」なのか

第四課　唯物論と科学的精神
物質とは何か／意識とは何か／科学的精神について

第五課　弁証法と科学
世界のあり方をどうとらえるか／連関と発展の科学──弁証法／科学の役割

第六課　真理の探究
真理とは何か／真理は把握できるか／あらためて、科学とは何か

第七課　科学と人間性
人間とは何か／科学と人間性／宗教について

第八課　科学と非科学
不可知論をどうみるか／非科学・反科学／支配層と科学

第九課　現代唯物論哲学の科学論
科学とは何か／科学の方法と発展／科学と現代社会

第一〇課　なぜ科学的でなければならないか

科学は現実を正しくとらえる／科学は事実にもとづく開かれた体系／科学は事実にもとづく合理的な認識

この「科学論」のテキストの最後の一文をもって、結びとさせていただく。

科学的であるためには、つねに事実・現実から出発し、つねに集団的な議論と実践が求められる。面倒だし、労力も大きい。しかし、科学は、事実にもとづくからこそ、誰でも参加できるし、かならず合意はひろがる。まさに、科学は民主主義。科学的であることは、民主主義と重なるのである。

科学的でないものはどうなるか。科学的でないものは簡単である。「天皇は神聖にして侵すべからず」と明治憲法にあったが、たたきこまれて覚えるだけなら簡単な話なのである。根拠をもって説明できないから「超能力」であり、誰も確かめようのないのが「心霊の世界」である。それを信じるだけなら簡単である。また、世間で言われていることをそのまま真に受けたり、「優れた人」の言うことをただ聞いたり、「有能な人」だと信じてついていく、というのも簡単なのである。

しかし、科学は覚えるものではない。ただ受け入れるものでもなく、誰かについていくことでもない。科学は、自分で考え自分で行動することを求める。しかもそれは、自分勝手とはちがう。それを、みんなでいっしょにやらなければならない。自分で考え自分で行動する、そしてみんなでいっしょに──科学的なものの見方をつらぬけば、そうなるということに確信をもつことが大切なのである。

（まきの　みちひろ・関西勤労協副会長）

読書ノート

塩田　潤『危機の時代の市民と政党―アイスランドのラディカル・デモクラシー』（明石書店、二〇二三年）について

長澤高明

本書は、著者の専門研究分野であるアイスランドを題材に、二〇〇八年の金融危機とその後の改憲過程（の失敗）と海賊党の台頭に焦点をあわせ、政党と社会運動の関連を考察したものである。

従来の政党研究は政党のみを、社会運動論は社会運動のみを対象としてきたきらいがある。本書は両者の接続について考察することが目的である。

本書の結論は、従来の政党批判や社会運動論に見うけられるような政党不要論ではなく、むしろ、社会運動の過程における市民の熟議が政党政治の活性化を促し、新政党（海賊党）の組織化につながったというものである。したがって「市民の熟議」とは何かという点も考察の対象となっている。

本書は博士論文およびさまざまな研究誌に掲載された論稿をもとに構成されているため、題材が各章で重複しているが、それぞれ考察の視角が異なっているので、むしろ対象を立体的に把握できるという効果が出ている。が、同時に各章の関連が少しわかりにくいと感じたところもあったので、章の見出しはそのままに、内容を大胆に整理・再構成し、コメントを［　］として加えた。なお、アイスランド政治について詳しい人は筆者も含めてさほど多くはないと思われるため、内容の紹介に重きをおく結果になってしまった。ご了承願いたい。

＊ アイスランド共和国概要

八七〇年代に、ノルウェー王の圧政をのがれようとした豪族や自由農民がアイスランドに移住してきたことから、この国の歴史は始まる。九三〇年に共和国となり、各地で選出された代表者が年に一度集まって、立法および裁判を担う集会を開くようになった。この集会を「アルシング」という。現在の一院制議会もアルシングと呼ばれる。

やがて、ノルウェーの圧力でキリスト教が国教と定められ（一〇〇〇年頃）、一二六二年にはノルウェー領、一三八〇年にはデンマーク領となった。その後、デンマークの影響でルター派の勢いが強くなり、福音ルーテル教会を国教会とした（一八七四）。これは現在も同じである。

一九〇四年に自治が認められ、一九一八年にはデンマーク王のもとで自治国家（王国）となったが、一九四四年に共和国として独立し、憲法を制定した。一九四九年にはNATOに加盟した。

面積は一〇・六万平方キロ、人口は二〇二二年現在三七万人である。

一院制（任期四年。定数六三）で、選挙は比例のみである。主要政党は、独立党（保守）、進歩党（農民）、同盟（社会民主主義）、左翼緑運動（急進。左翼環境運動ともいう）の四つで、「穏健な多党制」である。連立政権が多い。議院内閣制で、多数党の党首が首相となる。大統領は直接選挙で選ばれるが、儀礼的な存在にとどまる。

自国の軍隊を持たず、米空軍基地は二〇〇六年に撤退した。EUには加盟していない。

序章　危機の時代とアイスランドの民主主義

（一）代表制民主主義の危機と世界金融危機

欧州各国の投票率は九〇年代以降急激に低下した。選挙制度や政党制は形骸化し、国家の意思決定がロビー活動や専門家集団によって左右されるようになった（ポスト・デモクラシー）。これは、経済権力と政治権力の結合によって、人民の主権が有名無実化することでもある。

アイスランドは金融危機により、二〇〇七のGDP成長率九・四％が二〇〇九にはマイナス六・八％になった。緊縮財政で、社会部門への歳出は一層削減され（市民生活の危機）、経済的危機が既存の政治体制や政党システムの「正統性」の危機を引き起こした。

［本書では、「正統」という表記が用いられているが、筆者は「正統」（⇕異端）と「正当」（⇕不当）は区別して使用するほ

うがよいと考えている。しかし、本書では両者の区別については触れられていないので、筆者もこの問題には触れないこととする。］

（二）政党の危機

今日、政党政治の中心となっているのは包括政党（catch all party）である。このタイプの政党は特定の利害を表出することを避け、利害を抽象的に表明し、さまざまな階層から集票する。そのためにもイデオロギーを希薄化させ、党内権力をリーダーや幹部に集中させる。（一八・一九頁）

［上記の内容をもつタイプの包括政党は、普選の実施を契機とする、かつての名望家政党の脱皮形態である。しかし、今日の政党は、どういう階級の利益を実現しようとするかにかかわりなく、政権獲得を目指すのであれば多かれ少なかれ包括政党にならざるをえない。しかし、同じく包括政党といっても主として支配階級の利害を実現しようとする政党と、市民の多数の要求を実現しようとする政党とでは、その政策内容はおのずから異なる。本書の定義は前者の政党のふるまい方に着目した定義である。したがって、筆者はこの定義をすべての包括政党に適用することはできないと考えている。］

今日、政党の役割は低下し、党員は減少し、全体として党派政治に懐疑的になっている国民も多いようである。「いまや政党は制度的な絶滅危惧種」（イタリアの政治学者カリーゼ）である。（二〇頁）

［党員の減少は上で見た後者の政党（包括政党にして、同時に階級政党・大衆政党でもあるタイプ）にとっては致命的だが、前者の政党にとってはそれほど深刻な問題ではない。本書でものちに扱われる「カルテル政党化した包括政党」においては、さほどダメージは生じない。］

（三）「危機の運動」

「危機の運動」とは、金融危機に起因する抗議運動のことである（経済的危機と政治的危機との結合）。

危機の運動の中身は国によって多様だが、共通する特徴は三つである。

①既存の政治組織とかかわりを持たない市民を中心とする、さまざまな運動組織の連携。運動は、幅広いセクター、すべての世代・階級へと拡大した（参加者の多様性。階級横断的・地域横断的）。

［参加者が多様で階級横断的であるとしても、その中に支配階級はいないのであるから、「多様」なるものの強調が、

ともすれば階級など存在しない証拠でもあるかのように取り扱われると、それは誤りである。ただし、本書はそういう取扱いとは一線を画しているようである。」

②抗議の標的は国内の政治経済エリート（政治家、政党、政府、銀行家など）である。これは九〇年代から〇〇年代までの標的がＩＭＦ・世界銀行・ＥＵ・欧州銀行などであったグローバルジャスティス運動に比べると大きな転換である。標的をあらわす言説も「新自由主義」から「国内の特定の人物・組織」へと変わった（ただし、国内問題についても新自由主義という用語は使用されている）。

③標的の「国内化」は、国内の代表制民主主義システムの危機と深く関係している。つまり、主流政党・政治家は金融危機の際に人々の意思に逆らって緊縮政策を導入したと認識され、彼らへの批判は、人々の意思が反映されるような国家機構の改革へと向かった（これはアイスランドにおいては憲法改正運動となった）。（二二一〜二二四頁）

こうした「政党の危機」と「危機の運動」の関係、すなわち、制度内の政党政治と制度外の社会運動との相補・敵対・結合関係を解明することで、政党政治研究の刷新が可能となる。（三〇頁）

［本書では一貫して「社会運動」という用語が用いられている。というのも、市民運動・住民運動・大衆運動という従来の用語は、運動の主体的側面に重きが置かれがちで、運動の対象そのものにはそれほどの重きを置かないネーミングだったからである。これに対して、社会運動という用語は、運動参加者の属性を問題にするのではなく、何を対象に運動するかということに着目したものである。対象は「社会」そのものであり、目標は「社会の変革」である。ここに、著者が正しくも「危機の運動」を「社会運動」と呼ぶ意味がある。］

第一章　先行研究と分析枠組

（一）政党に関する先行研究

①党内の指導者の影響力が高まり、党の中央集権化が進むと、その政党は衰退する（大統領制化論／パーソナル・パーティ論）。

指導者自身の選好が政策に反映されるようになると、政党が代表する利益の範囲が局所化されがちになる。指導者自身への支持が彼の権力を支えるから、彼は党員による直接投票を好む。その結果、幹部や活動家の媒介的役割は弱体化する。選挙も、政策より指導者の個性や人気に左右される。有権者は指導者と情緒的に結びつくようになる。指導者のカリスマ性がものをいうから、指導者が人気を失えば、その政党も消滅の危機に瀕する。こうした経緯は「政党の、市民社会からの離脱」として位置づけられる。（三五頁）

②さきに見た包括政党は組織の衰退に対応すべく、市民社会から離脱して国家に接近し、党存続のために、国家援助を要請するようになる（生き残り戦略）。国家財政に頼る傾向が強くなると、経済界の思惑に従うようになる。そうすると、政党の経済政策の幅がせばまり、政党は国家のエージェントと化し、どの政党も似たり寄ったりの政策を掲げるようになる。これを「カルテル政党化」と呼ぶ。

このタイプの政党は、有権者の利益集約やそれをもとにした政策形成を行なう組織というより、指導者のトップダウン的組織になりがちであるから、大統領制化論とも重なるところがある。

これらの先行研究は政党の衰退・変容・生き残り戦略などを捉えてはいるが、しかしそれは政党という枠組のなかでのことであって、社会に広がる政治領域を捨象しているのではないかと思われる。（三六・三七頁）

［この記述からもわかるように、カルテル化した政党にとっては、党員の減少は党の存続にとってそれほどの打撃とはならない。したがって、党員の減少（の危機）は、みずからのカルテル化を断固拒否する政党の問題として論じられるべきなのであって、そうして初めて「社会に広がる政治領域」の問題群が一層明確になると思うのである。］

（二）社会運動論に関する先行研究

他方、非制度的・非公式的に政治空間に参入する社会運動は、「市民による脱政党的な政治参加の隆盛」としてしか捉えられてこなかった（ポスト代表制）。

金融危機後のアイスランドの社会運動は政党政治からの離脱ではなく、代表制や国家機構の改革へと向かった。だから、両者が接地する局面に焦点を当てる必要がある。（三九～四二頁）

［政党と社会運動の両者のありかたが事実として別個であった（両者の接地面がない）から別個のものとして研究者が認識していたということと、別個のものではなかったにもかかわらず別個のものとして認識していたというのとでは大きな違いがある。この点について著者がどちらの立場に立っているのか判

然としないが、両者の接地面を、次節以降、運動政党の台頭という視角から考察するのであるから、この種の政党は今まで見られなかったタイプであり、その接地のありかたも新しいものであるということになる。」

(三) 政党と社会運動の有機的連関のタイプ

①脱政党的な政治参加（政党・選挙の回避）

これは、政党が市民社会とのリンケージを喪失したため、環境団体や抗議運動が台頭してその隙間を埋めているという捉え方である。

この捉え方は、既存の代表制を回避したかたちで別の代表のあり方を模索するものである。これは、討議を通して自分の見解を見直したり、他者との共通理解を形成したりしながら一緒に問題解決に取り組むことを意味するから、「熟議の民主主義」と言ってよい。具体的には、熟議の場を設定し（ミニ・パブリックス）、それへの参加者を無作為抽出で選ぶ。このような「場」に参加する市民は「市民代表」とか「民主的代表」と呼ばれる。こうした考えは、従来の代表観を刷新しようとするものである。（四三～四五頁）

②政党政治の変革（運動政党への着目）

運動政党とは、社会運動との間に強固な組織的・アイデンティティ的つながりを持つハイブリッドな政党のことである。

政党の衰退、政党民主主義の危機の時代にあって、なぜ運動政党が多くの有権者を引きつけているのか、政治不信の蔓延のなかで市民が政党政治に介入することにどういう意味があるのか、運動政党の台頭が政党間対立にいかなる影響を与えるのか、これこそが今問われるべき問題である。（五〇～五二頁）［この問題は、第四章・五章で展開される］

第二章　小さな島の、大きな変容—アイスランド金融危機の歴史的文脈

昔から人間関係が重視され、クライエンテリズムの強かった同国において、世界恐慌（一九二九）はクライエンテリズムをより強化した。独立運動で大きな役割を果たしてきた独立党（一九二九設立）は、今日までほとんどの時期で政権与党であった。人々は政党（特に独立党）を通して利益実現を図ろうとした。近代化とともに地域経済が衰退すると、地域住民のクライエンテリズムへの期待は逆にますます強まった（農村は進歩党の地盤）。

独立党と進歩党は、それぞれ雇用者連盟や協同組合連合を通じて民間企業にも影響力をもっていた。これに反して、左派二党は二〇世紀前半まで、産業化の遅れもあって、支持基盤は弱いままであった。

二〇世紀後半以降、クライエンテリズム政治は徐々に衰退していく（とはいえ、なくなったわけではない）。理由は、経済のグローバル化による政治エリートの経済分野への影響力の低下、公共部門の専門性の向上にともなう政治任用のリスク増加、商業メディアの発展、政治分野における専門職化と政党の凝集力の低下などである。

一九九〇年代中ごろから大陸諸国との自由貿易が盛んになると、国内三大銀行はすべて民営化され（〇三）、法人税率も徐々に引き下げられた（八八年五五％→〇八年一五％）。独立党とアイスランド銀行、進歩党と農業銀行という政財界癒着もみられる。

新自由主義戦略はアイスランドを国際的な金融センターにすると同時に、大型公共事業でグローバル資本を呼び込んだ。株価は高騰し、庶民はローンで購入した住宅を担保に、クレジットを使って消費した。庶民の家計債務は増大したが、〇七年の三大銀行資産総額はＧＤＰの八〇〇％を占めた。だが、〇八年の金融危機で三大銀行の負債はＧＤＰの七〇〇％になり、その直後、三大銀行は国有化された。金融危機で三万人が破産し、数千の住宅が差し押さえられた。失業率は増加し続け（一〇年には七・六％に）、その間、鍋とフライパンを打ち鳴らす抗議集会が各地で開かれた。この集会は経済階級に基づく動員ではなく、都市部の若年層・高学歴層も参加した。

金融危機後の総選挙（二〇〇九）は典型的な経済投票となり、左派連立政権（同盟＋緑）が誕生した。

第三章　アイスランド市民憲法の「失敗」と可能性

金融危機後の抗議運動から、政治社会全般の変革要求としての新憲法制定要求が出てきた。その特徴は、包摂性と敵対性にある。

①包摂性とは、改憲作業において多種多様な市民から参加者を募ったことを指す。この改憲作業では草の根シンクタンクが開催した非公式の国民会議が中心的役割を果たした。最終的に新憲法草案は国民投票で支持された（二〇一二。投票率四九％。支持六七％。しかし法的拘束力はない）

②敵対性とは、「エリート対市民」という意味である。金融危機を引き起こしたのはエリートであり、このエリー

ト支配打破のための新憲法制定要求であったから、「市民」は議会の改憲派議員も既存勢力の一部とみなし、改憲作業に彼らを参加させなかった。そこから、「議会対市民」という敵対性が生じてしまった。かくして、改憲には議会の承認が必要であるにもかかわらず、議会での承認が得られなくなってしまったのである。

エリート支配打破という姿勢は改憲草案にも組み込まれていた。

①「自然環境の尊重・保護」という文言は観光産業を制約しようとするものであった。

②「天然資源は国家の永久的かつ共有の財産であって、売買や担保の対象にできない」という文言は漁業の金融化による寡占化批判であった。

③「議会を通過した法案は、有権者の一〇%の署名によって国民投票に付することができる」という文言は反対多数なら法律は無効となるということである。

④「有権者の一〇%の署名により、議会に法案を提出できる」という文言は法案提出権を有権者にも与えるというものである。③④は、より包摂的な政治的意思決定を可能にするものであり、伝統的エリートの意思決定の優位性を批判するものであった。

⑤一票の格差の是正の明文化。これは地方の過剰代表および地方におけるクライエンテリズムの是正につながる処置である（腐敗した代表対民主的な代表）。

ところで新憲法草案の投票率がそれほど高くなかったのはどうしてであろうか。それは、同時期に、金融危機で経営破綻したランズバンキ（国内最大の銀行）の海外負債を公的資金で支払うべきかどうかという問題が浮上し、国民の関心がそちらに向かったためである。左派政権の「公的資金で負債返済」案は国民投票で否決され（一〇年）、一三年総選挙で再び保守派連立政権となった。社会民主同盟の支持率はその後も低下し続け、議席獲得要件（得票率五%以上）スレスレにまで落ち込んだ。海賊党が台頭したのはこの時期である。

第四章　市民熟議とアイスランド海賊党の組織化

（一）海賊党の特徴

海賊党は、ネット上の共有ソフト取締への抗議運動が発端となって各国で設立された政党である。彼らは、ネット上の著作権、プライバシー権、情報アクセス権、および、民主主義と政治の透明性に強い関心を持っている。二二年現在で、四三の国と地域の海賊党が国際海賊党に所属している。

さて、改憲問題が座礁して以降、既存左派勢力は改憲問題をとりあげなくなっていた。改憲派市民と左派諸政党とが対立し、議会で改憲問題が宙吊り状態になってしまった。左派政党が改憲問題に取り組まないのなら、改憲派市民で新政党をつくろう。こうして、一二年にアイスランド海賊党が設立され、一三年総選挙では三議席を獲得した。ちなみに、候補者を擁立した一五政党のうち、金融危機後に設立された新政党は九つあるが、海賊党は以下の点で他の新政党とは異なっている。

①既存政党とつながりがない。他の新政党は既存政党からの分裂で誕生している。

②新政党のうち、議席を獲得したのは海賊党と「明るい未来」のみである。海賊党はその後も固定支持層を形成することに成功した（一三年三議席、一六年一〇議席、一七年六議席、二一年六議席。ちなみに、アイスランド以外の海賊党は低調である）。

③アイスランド海賊党は、パナマ文書抗議運動、EU加盟交渉への抗議運動、性暴力・性差別反対運動、気候変動についての運動などにも関与している。他国の海賊党と違って、デジタル関連課題を中心課題とはしていない。というのも、この課題にアイスランド市民はあまり関心がないからである。

(二) 改憲についての海賊党の立場

草案作成過程における既存の政党と海賊党の関係は「敵対的／排除的」である。「一％の政治エリート（改憲反対派の既存勢力）と九九％の私たち」が対置されている。そして、熟議過程から政治家を排除することで、分断を構造化した。

他方、熟議への幅広い市民の参加は「包摂的」であった。参加者は少ないとはいえ、すべてのジェンダー、若者、高齢者、高・低所得者たちが参加したから、草案は「人民の意志」を表現していると海賊党の党員は主張した。また、市民熟議という過程が草案に正統性を与えるという党員もいた。

参加と熟議のプロセスから、新憲法の制定を求める政治集団がいくつか生まれた。その一つが海賊党である。熟議を通して諸個人は私的利益追求の主体から公的利益追求の主体へと変わる。「私だけのアイデンティティ」が「われわれのアイデンティティ（集合的アイデンティティ）」になるのである。（一五一〜一五六頁）

［ちなみに、既存の政治勢力や市民団体にもそれなりに集合的アイデンティティは存在する。熟議があろうがなかろうが、集合的アイデンティティは存在する。であるから、ここで重要なのは、著者も指摘しているように、集合的アイデンティティそれ自体ではなく、熟議が存在するかどうかである。ところで、「包摂性」が草案に正統性を与えると海賊党はいうが、熟議過程の参加者が少ないことからすれば、包摂性自体の強調が、即、草案に正統性を与える根拠になるとは思えない。また、海賊党がいうところの正統性とは何を意味するのかも不明である（「国民投票による過半数の賛成が正統性を与える」というのならまだ理解できるが）。

また、「人民の意志」という表現はイデオロギー的に機能するから便利な用語として使いたくなるのだが、実際には、その場で「意見の一致」がみられ、しかもその「意見の一致」がその場にいなかった人々にも広く受け入れられた場合にのみ「人民の意志」といわれるものは成立するとみてよい（著者は三章三節（四）で「二階の正統性問題」としてこの問題を取りあげている）。しかし、実際にはそうではないのであるから「人民の意志」は海賊党によって便利なイデオロギーとして扱われていると言わざるをえない。「人民」の意味については、六章でも扱われる。］

（三）海賊党と「開かれた民主主義」

「開かれた民主主義」とは、参加の権利（選挙だけではなく、議題設定権も）、民主的代表（選挙ではなく、くじ引きや自薦）、熟議を経ての多数決、透明性（市民による政治的意思決定過程の監視、代表の応答）などを構成要素とする。このモデルはしばしば「既存の政党は不要」論や「政党なき民主主義」論に結びつくが、アイスランドの改憲過程はむしろ、市民熟議が新政党の組織化を促し、伝統的な代表制民主主義の活性化を促したといえる。しかし、こうした過程には条件がある。

①市民熟議（の結論）が政治空間で影響力をもてなかったとき（とりわけ、改憲のような制度変更を求める場合）

②市民熟議の「敵対性と包摂性」が新政党に対して集合的アイデンティティを付与する場合、すなわち、草案賛成派が「人民の意志」の名において団結しうる場合

見てきたように、既存の政治に対する不信は市民熟議と

なり、それは政党の関与を厳しくしりぞけた（ミニ・パブリックスは「開かれた民主主義」の萌芽）。他方、この取り組みは政党を不要にするのではなく、新政党の組織化も含め、代表制民主主義［政党政治］の活性化に寄与したのである（アイスランド憲法では改憲要件に議会の承認が必要だったことも重要な一因である）。

同党は市民熟議による提起を議会内で推進することを自分の役割とした。熟議過程における包摂性は党運営にも反映されている。党活動参加へのハードルを低くし、オンラインを通じて一般市民も参加可能とした（ネット利用による政治参加のコスト低減と参加効果の最大化）。（一五八〜一六二頁）

［党内組織問題は第五章でも展開される。このような組織はSNSなどの発達を前提として生まれてきたものであるが、テクニック的な側面のみで組織論は語れるものではない。既存の政党が海賊党のような組織形態をとれるのかどうか、またそれが望ましいことなのかどうか、次章も参考にして考察する必要がある。］

第五章　路上から議会へ―運動政党、アイスランド海賊党の台頭

「運動政党としてのアイスランド海賊党」の特徴は以下のとおりである。

登録制で、一六歳から党活動に参加可能であり、活動内容・量は自主的に決められる。党費はなく、寄付で活動資金を集める。なので、組織基盤は脆弱にならざるをえない。政策や他党との連携はオンラインで議論する。政党集団というより、プラットフォームといったほうがぴったりする。デモや抗議集会を組織することはないが、関与・支援はする。議会においても、スタンディング・プロテスト行為を実践する。

党内対立がないわけではない。通常、運動政党はカリスマ的指導者によって率いられているので、政策決定が指導者への人気投票のようになる。つまり、権力の分散がかえって中央集権を生むという逆説が生じてしまうのである。

公式的な党首はいないが、カリスマ性を帯びた指導者はいる。「カリスマ」に対する批判・対立が生じ、「カリスマ」が交代すると、党の政策も変更される。水平的・民主

的な党運営がかえって党内紛争の動因ともなる。「指導者の排除」はそううまくいかないから、公式の指導的役職（ただし、伝統的な指導者であってはならない）が必要との見解も党内にある。

［政党の衰退がいわれる今日、政党の自己変革は喫緊の課題であるが、本章を読む限り、党内における熟議とはまた異なる組織問題が海賊党にもあるようである。これらの問題については「運動政党の組織構造の発展過程として捉えるべき」という以上の理論展開は示されていない。］

第六章　政党政治を動かす市民たち

生存権を脅かされながら、自分の責任として生きざるをえない個人。このような状況において深まる相互不信。伝統的な集団の解体・衰退によって、われわれは「共に、孤独」になる。不安定化した個人は相対的剥奪感を媒介としてポピュリズムに結びつく。富裕層、移民・難民、生活保護者などに向かう嫉妬や憤り。この感情は既存の秩序に挑戦する急進的アウトサイダーへの支持につながる。

このような状況において、政党はかつてのようなイデオロギーによる動員は行なえない。台頭してくる新興政党はポピュリスト的な挑戦者なのである。

［これらは右派であれ、左派であれ、ポピュリストと呼ばれる人々の台頭原因としてあげられている。筆者としては、この原因から、なぜポピュリストが左右に分かれるのかという分析を期待したが、ほとんど触れられてはいなかった。そして本章の後半ではもっぱら左派ポピュリスト論が展開される。］

ポピュリストは人民の代表として振る舞うが、かれらのイデオロギーは「社会は究極的に『汚れなき人民』対『腐敗したエリート』にわかれ、政治とは人民の一般意思の表現であるべきだと論じる、中心の薄弱なイデオロギー」（ミュデとカルトワッセルの定義）である。［労働者階級の利益というような中心がないということ］。

ポピュリストは社会空間に敵対関係を構築して、敗者側を動員し、勝者に対抗するヘゲモニーを構築しようとする。そうして、敗者間に連帯を築き、民主主義をより根源化させる。自分のアイデンティティがどういうものであるかは客観的に決まってはいない（「再帰性」の問題）。私のアイデンティティの確立を妨げる他者はすべて「敵」である。アイデンティティは敵対性を通じて構築される。こうして「人民」という集団的アイデンティティが構築されるのであるが、「人民」に具体的な内容はないから、「人民」

は「空虚なシニフィアン」である。

既存の政治エリートたちは、金融危機は国際的な危機であるから自分たちに責任はないといい、自分たちも犠牲者であるかのようにふるまった。それに対して、運動政党は「金融危機は国内外の政治・経済エリートの腐敗に起因する」という言説枠組を提示し、政治・経済エリートたちの脱政治化されたこのような言説こそが民主主義の危機であると捉えた。そして、これまでの階級闘争の枠組をのりこえる（放棄ではない）ことの重要性が提起された。「階級的審問」と「人民・民主主義的審問」をいかにして節合するか。これが「非支配階級のポピュリズム」である〔「被支配階級の」ではなく〕。

有権者もまた抗議する主体となりうる（熟議に参加する有権者）。このような「市民的有権者」は政党組織や政党システムに変化をもたらす役割を果たしうる。かれらもまた制度と非制度を接合し、政党政治と市民社会とを接合しうる存在なのである。

〔海賊党もまた「ポピュリスト的な挑戦者」である。著者はラクラウたちを引用してポピュリズムや「人民・民主主義的闘争」について述べる。しかし、「階級的審問」と「人民・民主主義的審問」の節合が、ともすれば「人民・民主主義的審問」による「階級的審問」の無視となる可能性およびその是非については明確に語っていないように思われる。

また、何を敵とするか、誰を敵とするかで、われわれのアイデンティティが異なってくるというわけであるから、敵を見誤るとアイデンティティの構築自体がかなり危うくなる。「人民・民主主義的闘争」は敵を正確にとらえたときは威力を発揮するが、階級的観点という中核を放棄するなら、敵を正確にとらえる保障はないと筆者は考えている。さらに、「人民民主主義的審問」でもってまとめられる政党は一つであるという保証もないから、人民の名における幅広い統合の仕方がかえって政党の分散を招くという逆説が生じるかもしれない。〕

終章　政党民主主義の根源化─ポスト金融危機のラディカル・デモクラシー

アイスランドの経験は、制度内外での市民による批判的政治介入こそが、政党の代表機能を活性化させる契機となることを示した。

今日の運動政党は政党政治に市民社会への応答性を再導入しようとする試みにほかならない。民主主義の回路が増えることは望ましいという前提に立ったうえで、なお民主主義を根源化するためには政党が必要である。人々の多様な利益をまとめ上げる政党の役割が不要になったわけではない。何について議論するか、議題設定の正統性はいかにして得られるか、それらに関して政党は重要な役割を担っている。政党は民主主義のさらなる民主化に向けた足場なのである。

［本書の課題設定およびこの結論自体に異存はないが、残された課題も多い。政治のありようとその国の人口・面積との関係をどう考えるか、つまり、アイスランドのような小さな国で可能なことが他の国でも可能なのかどうかということ。また、都会と農村における市民参加の機会と熟議の機会の違いは問題とはならないのであろうかということ。ニュー・ミュニシパリズム（municipalism　新しい自治体主義）が目指す新しい社会と本書の視角との関連はどのようなものだろうかということ、などである。書ききれなかったコメントも多々あるが、本稿が本書読解のささやかな一助になれば幸いである。

「私たちの行為、ただそれのみが私たちの住む世界を変革する。だからこそ、私たちはまた跳び、踊るのである」（二六四頁）。最大の共感をこめて著者のこの言葉を紹介し、本稿を閉じることにする。］

付記　二〇二三年五月の研究会での報告をもとに加筆・整理した。筆者はアイスランド政治については門外漢なので、論文ではなく読書ノートという形で掲載をお願いした。

（ながさわ　たかあき・立命館大学非常勤講師・政治学）

読書ノート

鰺坂　真『日本唯物論史を学ぶ』（学習の友社）について

村瀬裕也

I

このたび鰺坂真氏の遺稿『日本唯物論史を学ぶ』が、氏の後輩であるとともに研究上・活動上の盟友でもあった牧野広義氏の綿密な校閲と整理を経て、小型ながら内容の充実した書物として上梓された。まずは病身に鞭打って執筆に当たられた鰺坂氏と、著者急逝のため草稿状態にあった原稿の整理に労を惜しまれなかった牧野氏に敬意を表しつつ、この貴重な書物の誕生を祝福したい。

本書の公刊に対する私の祝意には複数の理由がある。一つは、その生前、一貫して科学的社会主義の堡塁を守り、『自由について』『マルクス主義哲学の源流』『科学的社会主義の世界観』など清新な理論書・啓蒙書を送り続けた著者が、その最後の仕事として「日本唯物論史」を取り上げたことである。大雑把に眺めると、日本の哲学界には今なお欧米中心主義の偏向がはびこっており、わが唯物論の陣営もまた、遺憾ながらこの点に関するかぎり世の悪習から自由であるとはおよそ言い難い。しかし日本の歴史にも、あらゆる抑圧に抗して進歩と革新とヒューマニズムに捧げられた叡智の所産が綺羅星のような光芒を放っていることを忘れてはならない。それらの遺産に改めて注目を促し、これを広く人民の富として再獲得しようとしたところに著者の見識がある。

第二は、それらの遺産が「通史」という形で与えられているということである。一般に哲学史研究の内訳には、①個別的研究（個々の哲学者の学説の考察）、②断代史的研究（時間的範囲の限定された一定の時代における諸哲学の考察）、③通史的研究（揺籃期から一定の成熟期に至る哲学の「発展史」の考察）、の三段階があるが、日本の研究者の関心は①および②に偏り、③の視点からの巨視的・俯瞰的な考察や叙述がすこぶる苦手のようである。しかし「発展」という視点を欠くならば、現在この時点における我々自身の活動の位置づけも意義づけも不可能となるであろう。そればかりではない、「発展」という視点こそは、一方では特定の見解の固定化・絶対化を避けるとともに、他方では真理に関する相対主義、乃至は真理の実現へのニヒリズムを退ける唯一の道である。こうして見ると、日本唯物論史への道案内を「通史」という仕方で描いたところにも、著者の卓見を窺うことが出来るであろう。

第三は、それが今回の出版の最大の功績かも知れないが、本書が我々の先輩たちの残した知恵の宝庫への敷居を低くし、その扉を万人に開いたことである。それには、本書の原型が、関西勤労協における「鰺坂ゼミナール」、京都学習協・兵庫県学習協などでの講演など、主として勤労者のなかでの啓蒙活動にあったことも関係しているに違いない。何れにせよ、啓蒙家としての著者の情熱が、安藤昌益《しょえき》や山片蟠桃《ばんとう》、中江兆民や幸徳秋水、片山潜や河上肇、三木清や戸坂潤、そして「唯物論研究会」に結集した先駆者たちを、現代の課題を担って生きる我々にとって一層親しい存在、我々に深い「血の繋がり」（永田広志）をもった先達として蘇らせたことは確かである。

以上の意味において、本書は、我々後続する者、とくに向学心篤い勤労人民に差し出された著者・鰺坂氏最後のかけがえのない贈物ということが出来よう。

Ⅱ

本書の叙述が「通史意識」とも言うべき——敢えて附言すれば唯物史観に立脚した——一つの方法意識に貫かれていることは誰の眼にも明らかである。しかし著者は方法論そのものについては何も語っていないので、幾分かその点に補足を添えておきたい。なお折角の機会であるから、本書の著者さえもその呪縛から自由ではなかった従来の唯物論的哲学史把握の問題点についても若干の指摘を行う予定なので、あらかじめ宥恕を請うておきたい。

著者を含む我々の立場からしてまず斥けられるべきは、哲学史を過去に生起した多くの「哲学的意見」の無秩序な羅列として処理する方法である。この種の哲学史を「痴愚の画廊（Gallerie von Narrheiten）」と称して揶揄し、真実の哲学史を理論的思惟の合法則的な発展史として把握したのはヘーゲル（G. W. F. Hegel）であった。ヘーゲルによれば、「哲学は真理の客観的な学であり、真理の必然性の学であり、概念的に把握する（begreifend）認識であり、――いかなる恣意（Meinen）でもなく、諸々の意見（Meinungen）の織物でもない」（V.ü. die Geschichte der Philosophie, Werke 18., StW, S.30.）。それ故、もし哲学史における哲学者個人の事情や偶然的出来事などの外皮を除去すれば、それと「論理学」との関係は次の如くになる。「歴史における哲学諸体系の継起は、理念の概念諸規定の論理的演繹における継起と同一である」（ebenda. S.49.）。――これは哲学史を「発展史」として把握する一つの見解ではあるが、しかしそこにあるのは観念論的に解釈された「理念」の発展史に過ぎず、それぞれの哲学体系の現実的意味は問われていない。

ヘーゲルに欠けているのは何よりも哲学諸体系の根柢に存する「物質的実践の地盤」への考慮であろう。この点においてヘーゲルに対峙したのはマルクス主義の立場に立つ古在由重である。すなわち古在によれば、あらゆる哲学理論の出発点は「問題」にあるが、この「問題」の唯一の水源地は「物質的実践の領域」にほかならない。「一切の問題は、いかにそれが理論的なものであろうとも、根源的には人間的実践の物質的な矛盾・摩擦・軋轢から発生する」（『唯物論と唯物論史』、『古在由重著作集』第一巻、一九五頁）。かくて真実の「発展史」としての哲学史は次の如く定式化される。「唯物論に立つ哲学史は、あらゆる哲学体系を各時代における階級的人間の生活実践の複雑に媒介された反映として把えつつ、論理的諸範疇（＝世界認識の諸段階）の発展という展望のもとに叙述しなければならない」（同右、二〇五頁）。

古在の見解は、唯物論の立場に立つ哲学史の基本に関する密度の高い定式化であるが、このことの確認の上に、哲学史にはなお一つの文脈、すなわち論理的諸範疇の発展（真理の必然性の進展）と相関的に、「自由な意識的活動」としての人間の「類的本質」（『経済学・哲学草稿』におけるマルクスの言葉）の実現過程、評者年来の言表を用いるならば、人間の活動による人間自身の「人間化」過程、およびそれに伴った人間的・文化的な「意味」の形成過程（総じて「人類の教養史」）の表現という文脈が加わることを認めなければならない。ここからして「意味解釈」という操作が哲学史研究の今ひとつの重要な契機をなすことは明らかである。

以上の点から本書を閲すると、古在によって定式化された原則を著者は深く体現し、それを縦横に駆使していることが分かる。しかし「意味解釈」という点ではやはり随所に課題を残しているように思われる。

Ⅲ

一例として「自然とは互性妙道の号なり」という安藤昌益の命題における「互性」概念の解釈を見よう（二六頁）。著者はこれを「対立物の相互連関」と解し、これを「対立性」と訳している。この理解および訳語は、この命題に直ちに「対立物の統一」という弁証法の核心を見出す一部の論者の極論に比べれば、幾分か抑制の利いた穏便な解釈と表現を窺わせるが、しかし傾向としては右の極論との区別は明瞭ではなく、また「対立性」という平板な表現によっては昌益思想の深奥の含蓄を汲みつくすことは出来ないと思われる。

「互性」とは、もともと「性を互いにする」と訓ぜられ、固有の他者（天に対しては地、日に対しては月、男に対しては女、等々）として対立し合う（＝前提とし合う）二つの事物または契機が、相互に相手の本質規定（＝「性」）を媒介としてのみ自己の本質規定を成立させ、それぞれの、または相互関係そのものの「活真」としての内容充実を実現する、という意味である。この場合、「対立性」の如き平板な語に置き代えるよりは、「互性」の語をそのまま用い、注釈を加えて理解に供するほうがよいであろう。

語義の意味解釈は思想そのものの意味解釈に連絡する。以上の如く解釈され得る「互性」概念が広義の弁証法的思惟に属することは否定できないが、しかしこれを弁証法の核心と解された「対立物の統一」の命題と同一視するわけにいかないこともまた明らかであろう。すなわち「天地・日月・男女」などの「互性」関係はどう見ても「相互承認」の論理であり、そこには弁証法一般にとっては重要な「矛盾の措定とその止揚（＝発展）」の契機は含まれていないのである。因みに、中国明末の思想家・王夫之《おうふうし》（一六一九～一六九二）によれば、すべての統一に含まれる「両」の契機は「合」→「分（＝「対」）→「反」→「仇」）」→「成（新たな「合」）の過程を辿って運動し、またヘーゲルの

『論理学』の「本質論」においては、「反省諸規定」は「同一性」→「区別（「絶対的区別」→「差異性」→「対立」）」→「矛盾」→「根拠」の段階を踏んで展開するが、昌益の「互性活真」は王夫之の「反」、ヘーゲルの「対立」の段階に止まり、「仇」や「矛盾」の段階に達してはいない。

しかしそれが昌益における論理の未熟、思想の浅薄を意味するかと言えば、必ずしもそうではない。例えば「男の性は女、女の性は男、男女一人にして活真人なり」という命題を見よ。その意味するところは、男女はともに固有の他者たる相手の規定性を媒介とすることによってのみ自己の規定性を獲得し、それぞれの内実を豊富化するとともに、両者の媒介関係を通して両者を包摂する「人間存在」そのものの「活真」としての存在意義を実現する、という点にある。ここからさらに重要な思想が導かれる。すなわち、もしここで男女の対等な媒介関係が破られ、男尊女卑の状態に陥るならば、女が蔑まれ貶められるだけでなく、そのように価値下落した女の媒介によってその本質を規定される男もまた、必然的に自己自身の品性の価値下落を招くことになるであろう。それ故、このような差別関係は、ひいては男女を包摂する人間存在そのものを「活真人」としての真実態から転落させるに違いない。昌益はこのような論理によって、男女平等という、革命期の西欧においてさえ達成しなかった赫奕たる思想を封建の世のさなかに掲げることが出来たのである。

では昌益は本当に「仇」や「矛盾」の思想に達しなかったのか。否、階級社会のもたらす深刻な社会矛盾との対決こそ昌益の思想動機にほかならなかった。但し彼はこのような矛盾を弁証法的な体系のなかに含めず、これを支配者や御用学者による「二別」思考――心理学者オールポート(G. W. Allport) のいわゆる「二価値論理」――によってもたらされる人為的な虚妄として、自然の真理としての「互性活真」の外部に放逐したのである。ここに昌益の弁証法の不完全さがある。しかしこの不完全さは、不完全さ故に興味を惹き関心をそそる特有のメッセージ性を含んではしないか。――そうしたメッセージ性の意味を斟酌・敷衍・再構成し、それを現在の我々の思惟に媒介するところに、「意味解釈」という操作の意義がある。

但し以上の記述は、特に本書に限った批評ではなく、一般に日本の哲学史研究に対して評者の年来抱いている観想を吐露したものに過ぎない。

Ⅳ

以上において一瞥した方法観を念頭に置きつつ、順を追って本書の特徴を見ていくことにしよう。著者が「通史」の起点を江戸期に置いたことは妥当と思われる。というのは、哲学的色彩を帯びた深い思想はそれ以前にも存在したが、多くは宗教思想（親鸞『教行信証』、道元『正法眼蔵』の如き）や芸術思想（藤原定家『毎月抄』、世阿弥『風姿花伝』『花鏡』の如き）の蔭に隠れて、哲学としては自立していなかったからである（但し『正法眼蔵』のなかの「山水経」「有時」などは哲学論文と認めてよい）。哲学を「範疇組織として形成された理論的世界観」と解するかぎり、それが明確な形態として成立したのは、近世（江戸期）初頭、客観的観念論の体系である「宋学（朱子学）」が支配哲学として導入されて以降である。唯物論はこうした観念論への対抗として形成されるから、時期的にこれより遅れて現れるのは当然である。

　とはいえ、その開始を江戸中期後半の安藤昌益（一七〇三～一七六二）まで遅らせるのは問題であろう（本書七頁）。私見によれば、日本における哲学的唯物論の提唱は伊藤仁斎（一六二七～一七二五）の次の宣言を以て嚆矢とする。「蓋し天地の間は一元気のみ。或は陰と為《な》り或は陽と為り、両《ふた》つのもの只管《しっかん》に両間に盈虚《えいきょ》・消長・往来・感応して、未だ嘗て止息せず」（『語孟字義』巻一）。しかも伊藤仁斎およびその長子・伊藤東涯（一六七〇～一七三六）の唯物論は、江戸期全体を通じても、否、ある意味では世界の哲学史を通じても、際立って「良質の」唯物論なのである。

　著者は江戸期唯物論を代表する今一人の学者として鬱蒼たる大著『夢の代』の著者・山片蟠桃（一七四八～一八二一）を挙げ、伝統的な「記誦詩章」偏重の学問への批判と経験科学の重視に立った実学主義、地動説の肯定を含む科学的世界観、霊魂不滅論の如き迷信の排除を謳った「無鬼論」などを主柱とする唯物論学説の簡にして要を得た紹介を行っている。まことに著者の指摘する通り、蟠桃の学説は江戸期における最も「徹底した」唯物論であるに相違なかろう。しかし「徹底した」唯物論が必ずしも「良質の」唯物論であるとは限らない。蟠桃の思想には封建制の全面肯定や残忍な重刑思想などの社会思想も含まれているからである。それは伊藤仁斎によって敷かれたヒューマニズムの路線からの顕著な逸脱にほかならない。要するに蟠桃の唯物論における合理性には大阪大商人の打算的功利主義に発する「負」の側面が含まれていることを看過するわけにはいかないであろう。

私見によれば、江戸期における「良質の」唯物論の代表権は、安藤昌益を別とすれば、山片蟠桃よりもむしろ伊藤仁斎と三浦梅園（一七二三～一七八九）に与えられるべきである。本書において仁斎と梅園への論究が省かれたのは残念と言わなければならない。

V

幕末・明治期における啓蒙思想家群のなかで特に脚光を浴びるのは二人の対蹠的な思想家、すなわち福沢諭吉（一八三五～一九〇一）と中江兆民（一八四七～一九〇一）である。

このうち福沢諭吉は、丸山真男のモダンな肯定評価から安川寿之輔のラディカルな否定評価に至るまで、現在なお毀誉褒貶の絶えない思想家である。本書の著者は、当時の啓蒙団体「明六社」のリーダーとしての福沢の役割を高く評価するとともに、その初期著作『学問のすすめ』『文明論之概略』の中心思想たる「文明開化史観」「技術史観」に関しても、そこに横溢する「実学精神」に開明思想としての卓越性を認めている。この見解には、その限りでは異論を差しはさむ者は少ないであろう。問題は「脱亜論」を始めとする「保守化」した福沢思想の評価にある。ここに「侵略主義者」としての「アジア侵略の提唱」を見出す安川説に対して、著者はここでもまた何れかと言えば福沢擁護の立場に傾斜している。但し、その際に依拠している平山洋・月脚達彦の説には杉田聡の詳細な反論もあり、著者自身による「脱亜論」そのものの分析と併せて、福沢に対する正確な評価はなお今後の課題として残されていると言えよう（杉田聡『福沢諭吉——国権拡張・脱亜の果て』参照）。

何れにせよ、日本の近代化において、その資本主義化の側面を代弁したのが福沢諭吉であり、その民主化の側面を代弁したのが中江兆民であることは間違いないであろう（吉田傑俊『福沢諭吉と中江兆民』、参照）。その一方の旗手・中江兆民は、民主化の先達であるとともに唯物論哲学の先駆者でもあるから、彼に関説する著者の筆調もいきおい流暢にして精彩に富んだものとなっている。著者は兆民の多くの著述のなかから、政治を論じた屈指の名著『三酔人経綸問答』と、病魔に侵され余命を宣告されたなかで執筆された、まさしく近代日本唯物論のマニフェストともいうべき『続一年有半』との二冊を択び、そこに光を当てる。

ここでは特に『続一年有半』における唯物論の性格に注目しよう。著者はまず兆民の掲げる見地——多神教、一神教、神による世界創造の説、霊魂不滅説など、人間の都合によって恣意的に生み出された虚偽の観念を厳しく批判し、世界における物質の恒存と人間における心身の不可分離性を敢然と主張する見地——において、現代唯物論の基本の成立を確認する。その際、兆民の哲学において特徴的なことは、精神と身体の関係の見方である。すなわち、彼によれば、精神は身体の作用であるから、身体を遊離した精神は存在しないが、身体が存続する間は立派に存在し、むしろ身体の消息を示すものとして常に光り輝いている。この点に関連して解釈上問題となるのは「意志の自由（自由意志論）」と「行為の理由（決定論）」の問題を扱った部分である。著者は兆民が「意志の自由」をも「行為の理由」をも認めているとし、特に彼が精神の働きとしての「自省の能」を強調していることに注目しつつ、そこに機械唯物論とも俗流唯物論とも袂を分かつ兆民学説の卓越性を認めている。

著者の兆民評価は概ね是認されてよいであろう。そしてそこに唯物論の原則を守りつつ、しかも機械唯物論や俗流唯物論とも闘ってきた著者自身の同志的な共感を斟酌することも出来るであろう。但し兆民解釈という点では、なお一つ、残された問題がある。というのは、兆民が、行為の選択や決定の際の「理由」を重視する観点から、何れかと言えば自由意志を否定する立場に傾きつつ、しかもここにいわゆる「理由」を「原因」としての理由ではなく「目的」としての理由と見なしている——つまりは彼の決定論が通常の決定論とは異なり、「因果必然性」よりは「価値必然性」に立脚した決定論である——ことにより、新たな問題、すなわち、それではかかる意味での決定論は「心思の自由（＝リベルティ・モラル）」（『理学鉤玄』）や「自省の能」の如き自由意志肯定の論理といかなる仕方で結びつくのか、という問題が発生するからである。——それはその解決如何によって唯物論そのものの解釈を進展させる問題として積極的に受け取られ得るであろう。

Ⅵ

中江兆民以後、哲学的唯物論の展開は、開明派や自由民権派の手から社会主義者の手に渡される。その最初の一歩を踏み出したのは兆民の高弟・幸徳秋水（一八七一〜一九一一）である。秋水が見識あるジャーナリストとして「非戦論」始め重要な社会問題に雄筆を揮ったことは有名であるが、学術的業績としては本書で詳しく紹介されている『廿世紀之怪物・帝国主義』と『社会主義真髄』が頂点をなす。前者の刊行は本書で指摘されている通り、レーニン（B. И. Ленин）の『帝国主義論』の刊行より一五年（本書では一〇年となっているが、誤認または誤植であろう）先駆けているが、本書に記載されていない他の関連文献と比べても、ホブソン（J. A. Hobson）の『帝国主義』の刊行に一年、ヒルファーディング（R. Hilferding）の『金融資本論』の刊行に九年先んじているから、まさに世界最初の帝国主義論としての栄誉を担っており、その意味でも後発資本主義国出身の思想家・幸徳秋水の先見の明は驚異に値すると言えよう。

秋水によれば、帝国主義とは、「愛国主義」を経糸《たていと》とし「軍国主義」を緯糸《よこいと》としつつ、資本主義的な過剰生産の解決策としての市場獲得を目指す政策を本質とする体制であり、つまりはそこから促される市場獲得競争が軍備拡張と結合して暴力的に遂行される帝国主義戦争を必然化する体制である。これはレーニンの分析的把握――帝国主義の特徴として、①独占資本主義、②金融寡頭制、③資本輸出、④資本家の国際的独占団体による世界分割、⑤列強諸国による地上の全領土の分割の完了、などの徴表を摘出、全体としてこれを「死滅しつつある資本主義」として把握する見地――と比べれば、経済学的認識としてはなお素朴な認識に止まるが、その代り帝国主義に関する客観的認識と「識・学・徳」の立場からの価値論的批判、後述の戸坂潤の流儀で言えば、研究とクリティシズム、結論と見識とがセットになった提示の仕方は、新しい学問の一つの方向を示唆して余りあろう。――著者の懇切な秋水紹介に加えて、ここに拡張された学問観への進展を求めるのは、ひとり評者のみの願望ではないと思われる。

幸徳秋水以後、一方では片山潜らの労働運動と結びついた社会主義思想の背骨として、他方では河上肇の唯物史観研究を機縁とした本格的学術研究の主題として、そしてやがてはこの両路線の共同として成熟しゆく日本唯物論の展開過程を追跡した各章（第九章〜第一一章）は、そこに登場する担い手たちのエピソードとも相俟って、本書の最も魅力的な部分でもあるが、紙幅の都合上、残念ながらそれへの論究は省略せざるを得ない。ここでは一挙に、戦前における唯物論研究の頂点をなす「唯物論研究会」の活動、特にそのリーダーであった戸坂潤の業績に眼を向けよう。

「唯物論研究会」は、周知のように、一九三二年、ファシズムと軍国主義の跋扈する暗い時代に、一群の研究者の強い決意によって旗揚げされ、一九三八年、強権によって解散に追い込まれるまでの六年間、反ファシズム文化戦線の最後の砦として活躍した団体である。その間、機関紙『唯物論研究』の刊行、日本最初の百科全書ともいうべき『唯物論全書』『三笠全書』併せて六六冊の刊行、様々な場面での啓蒙活動などによって、日本の研究水準・文化水準を一挙に引き上げることに貢献したのであるから、まさに日本学術史上の一大壮挙というべきであろう（その経緯は本書一一章〜一二章に詳しい）。

Ⅶ

著者は本書において、「唯物論研究会」で活躍した哲学者として、戸坂潤、永田広志、古在由重、船山信一、甘粕（見田）石介、の五人を紹介している（理論の独創性という点では、梯明秀、加藤正を加えるべきではなかったか?）。

ここでは、同会のリーダーとして最期まで不屈の闘いを続け、牢獄での悲劇的な虐待死を遂げた戸坂潤（一九〇〇〜一九四五）を取り上げることにしよう。著者は戸坂の数多い著作のなかから、特に『科学論』と『道徳論』を択んで吟味を加えている。

戸坂の『科学論』に関して、著者はまずそこにおける「反映論」の立場、すなわち科学の役割を実在の「模写・反映」と見なしつつ、しかもこの反映を「死んだ鏡」としてではなく、「社会的に生きている実践的な人間（＝意識する主体）」の「自発的な能動性」の発揮として把握する立場を確認する。次にこの確認に立って、「イデオロギー性（歴史的規定）と論理性（自立性）との統一」としての「科学の性格」の把握を戸坂の科学論の要諦として認定する。

著者による以上の指摘は正鵠を射たものと思われるが、この文脈において今一つ考察を深めてほしかったのは「構成」というカント由来の概念――芝田進午ら戸坂の解説者によって無視された概念――についてである。反映論に立脚する戸坂がカントの認識構成説に与《くみ》するはずはないが、しかし彼の烱眼は認識の主体的側面に対するカントの鋭い洞察を黙殺するほど吝嗇ではなかった。すなわち戸坂はカントの「直観」を認識における「直接性」の側面として、また「構成」を認識における「間接性」の側面として理解し、その積極的意義を承認したのである。この承認は重要である。というのは、ここにいわゆる「間接性」こそは、ヴィゴツキー（Л. С. Выготский）が行動主義者の掲げる「S（刺激）―R（反射）」理論――「間接性」を没却した全き「直接性」の立場――との対決において発見した人間存在の根本理法、すなわちその「間接的・被媒介的構造」の認識論的局面への具現にほかならなかったからである（柴田義松訳『精神発達の理論』、参照）。「間接性」と結びついた「構成」概念の新たな解釈は、認識論を一層豊潤な文化的視野のもとに導くであろう。

著者が次に紹介するのは「科学」と「常識」との関係に関する戸坂の見解である。『科学論』の多彩な論題からこの項目を選んだのは著者の卓見と言わなければならない。というのは、この問題は科学の大衆化、科学的精神の普及という喫緊の課題に絡み、知識論としても教養論としてもとりわけ今日的重要性をもつ問題だからである。一般には科学は高級なもの、常識は低俗なものと見られがちであるが、戸坂はこうした偏見を批判し、両者は決して上下の統対関係にあるのではなく「社会におけるイデオロギーの切断面」を異にしているのであり、したがって科学には科学としての、常識には常識としての権威があると主張する。その上で彼は、人間の知性の営みにおける次の二系列、すなわち「科学―研究―結論―アカデミー」の系列と「常識―クリティシズム―見識―ジャーナリズム」の系列との区別と連関を明確化する。ここで特に「研究」と「クリティシズム」、「結論」と「見識」とが対をなしていることに注目してほしい。

この点に関する著者の紹介は簡潔的確であるが、いささか恬淡に過ぎ、読者から軽く受け流される憾みがないではない。実は「研究」の辛苦を経た「結論」が「真理」としての輝ける意味をもつと同様、「クリティシズム」の洗練を経た「見識」は「価値識別」としての重い意味を担っているのである。戸坂にとってクリティシズムは科学的精神と相俟ってその多彩なテーマを貫くアリアードネの糸であった。そのことは彼の文筆生活の最後を飾る論文がまさしく「クリティシズムと認識論との関係」という論題であったことによっても証されるであろう。戸坂はこの論文において、クリティシズム概念の「学的拡張」を企て、これを特別な性格をもった「認識論」として把握し直しているのである。

最後に本書では省かれた一つの論点――私見によれば、戸坂の透察の冴えを示す精華の一つだが、どういう訳かあまり注目されない論点――を付け加えておこう。すなわち「研究方法（研究様式〔Forschungsweise〕・叙述様式

〔Darstellungsweise〕〕」と「研究操作（分析的操作・解析的操作・統計的操作・実験的操作）」との区別である。およそ研究に従事する者、あるいはその研究を批判的に吟味する者が特に留意しなければならないのは、「操作」を「方法」の位置に格上げし、操作結果としての現象記述を研究結果としての真理（本質把握）と誤認することである。所与の現象を特定の「操作」によって処理し、整序された記述を得るとしても、そうした現象記述は真理獲得の手がかりでこそあれ、真理そのものではなく、したがって「操作」はいまだ「方法」ではない。複数の「操作」を駆使しつつ現象の背後に潜む本質を明るみに出す手続き、すなわち本質把握としての真理に到達する手続きにして初めて「方法」としての資格が認められるのである（例えば商品の分析から剰余価値の発見に至る経過を想起せよ）。

　戸坂はまた、「研究操作」の上位に立つ「研究方法」についても、これをマルクスに倣って「研究様式」と「叙述様式」に区別しつつ、両者の連関としての科学の全体像を追求している。その際、とりわけ「叙述様式」に対する戸坂の規定はすこぶる大胆である。すなわち、曰く、「云わば広義に於ける文献的＝文学的な様式を有つ」、と。かくて、両様式の関係は「如何なる叙述様式も予め研究様式があっての上でなければならないのは当然であるが、それだけではなく逆に、発達した一切の研究様式はいつも夫々先行する叙述様式を想定せずには成立しない」（以上、『戸坂潤全集』、第一巻、一八一頁）と語られる如き、交互的連関として把握される。――戸坂のこれらの見解は、科学の公共的使命と文化的意義に対する彼の深い省察から発したものと思われる。

　なお著者が戸坂の数多い著作から選んだ今一つの著書は『道徳論』であるが、実は評者はこの著書の見地、すなわち道徳を「自分一身上の問題」としての「文学的概念」として把握する見地には――長年にわたって倫理学を担当した立場から――なお根本的な疑念を抱いており、ここで直ちに論評を加える心境にはないのである。何れ他日、著者の評価にも耳を傾けつつ、責任ある見解を表明することを約束して、今回は取り敢えず筆を擱くことにしたい。

＊　＊　＊

　以上、鰺坂真著『日本唯物論史を学ぶ』に即して先駆者たちの足跡を辿り、色々と感想を述べてきたが、顧みていささか無理難題と思《おぼ》しき注文を乱発したのではないかと懸念される。但しその論点そのものは、本書を労働学校などでテキストとして用いる場合には、少なくとも講師やチューターの方々は念頭に置いてよい事柄と思われる。

なお本書によって初めて纏まった形での日本哲学史、とりわけ唯物論史に触れる読者には、あまり細部にこだわらず、一気に通読し、「真理の勇気」（ヘーゲル）――それは戸坂と同じくファシズムの犠牲となった哲学者・三木清の最も愛した言葉だ――を胸裡に秘めつつ果敢に営み継がれてきた我が先駆者たちの精神の鼓動に触れることを期待したい。

（むらせ ひろや・香川大学名誉教授・倫理学／中国哲学史）

【書評】

尾川昌法

『新版　写真で見る水平運動史』

（部落問題研究所、二〇二三年、本体七〇〇〇円）

井手幸喜

全国水平社創立一〇〇周年を記念して尾川昌法『新版 写真で見る水平運動史』が出版された。もちろん、帝国主義や日本ファシズム等の研究もあり、部落問題研究も含めて、日本近代史研究の先達であるが、尊敬の意味も込めて日頃から尾川さんと呼ばせて頂いていることもあり、以下尾川さんと記させて頂くことをお許し願いたい。

『写真で見る水平運動史』はこれまでに二度、同じく部落問題研究所から出版された。第一回は全国水平社五〇周年（七二年三月）を記念し解説は馬原鉄男氏。第二回目はほぼ同じ内容で、馬原鉄男氏監修で、全水六〇周年記念として出版されている（八二年三月）。今回は、全国水平社一〇〇周年記念事業の一つとしての出版。新版となった今回は、これまで水平運動史研究に携わってきた研究者の知恵や意見も反映され、全国水平社一〇〇周年のとりを飾る企画、出版となった。

写真もより多く掲載されており、これまで以上に水平運動を眼で追うことができる構成となっているのが三回目となる今回の新版の大きな特徴となっている。本書は、尾川さんが『人権と部落問題』（二一年四月号〜二二年五月号）で連載された内容を基本としてはいるが、出版にあたっては新しく序文を興し、「全国水平社の歴史」と「戦後の部落問題と現在」の項を略述された。本文八〇頁のなか、写真を多く取り入れながらの更なる補訂は、尾川さんの本書への意気込みを窺うことができる。

「大正デモクラシー時代から治安維持法体制と満州事変に始まる一五年戦争の戦時体制という激動の時代を背景にした」水平社二〇年の歴史を、尾川さんの近代史研究にどう位置づけようとされているのか、その点に注目し書評をお引き受けした。

基本的人権という言葉が未だ生まれていなかったこの時期に、既に『労働世界』では労働者の権利が主張され、『青鞜』では女性の個性と権利が宣言されていた。尾川さんは、全国水平社創立宣言のなかに、水平社運動の指導者たちの「人間獲得運動」（阪本清一郎）、「人間権奪還闘争」を見い出され、「人間の尊厳と平等の訴えが水平社の出発点であり、原点である」と捉える。水平社一〇〇周年を記念し木村京太郎『水平社運動の思い出』も復刻・刊行されているが、本書新版の「序文」の巻頭に、部落解放運動とともに人生を歩まれた木村京太郎さんの書「水平社はかくたたかった」が掲げられ、尾川さんが、何よりも水平社の闘いの姿、主張や思想に着目されていることを窺うことができる。

　被差別民衆が誇りを取り戻す運動としたのは、「糾弾」ではなく「糺弾闘争」という形態だった。そして、水平社運動は、治安維持法下の弾圧と闘いながら、「政治的自由、団交などの労働基本権、『飯を食わせろ』という『生活権』を要求する運動にまで発展していることに注目しなければならない」。明らかに水平社運動に権利意識の成長を見出すことができ、三四年、全国水平社第一二回大会で「部落委員会」活動を方針として決定、行政闘争と糾弾闘争を結合した大衆闘争が提起された。三五年の水平社大会では、これまで創立以来一三年間使ってきた「特殊部落」を「被圧迫部落」に変更、「人民的融和」を促進することを決定し、三六年に発行したパンフレット『人民的融和への道』では、「全民衆諸君と心から融合して共に手を組み合い、この世の中の凡ゆる不合理と矛盾を取り除いてお互いに住みよい朗らかな社会をつくりあげるために」水平社は運動するとした。尾川さんの執筆した新版は、「闘争がなければ権利＝法はない」とするイェーリング（『権利のための闘争』で知られる一九世紀末の独の法学者）の主張する言説を、全国水平社は証明し、その闘争は組織的な団結によってなされたことを紹介する。

　戦前より長きにわたって展開された戦後の部落解放運動は、紆余曲折のなか、一九七六年「のこされた差別を一掃し国民的な融合をとげること、すなわち、部落解放運動を必要としない状態をつくりだすこと、それが今日の我々に課せられた部落解放運動の歴史的課題である」。一九七六年、全国部落解放運動連合会の結成にあたっての宣言ではそう述べられたが、新版で尾川さんは、『水平』一号・創立大会号に書かれている「水平社自身の存在の不必要を目的とすることによってはじめて意義がある」（荒木素風）の思いを引き継いでいると紹介、併せ全国地域人権総連合の規約前文「地域社会を基盤とする人権確立の住民運動は、多様な人間的要求を地域社会で権利として実現し花ひらかせるものである」ことを紹介し、運動は、新しい歴史段階へと進んだことを力説している。地域社会の変化と人権意識の拡がりを考えたときに、「依然として部落差別は存在する」といった歴史観は、人権意識の拡がりを見ない陥穽に過ぎない。それでも「部落差別解消法」に固執する勢力や行政は存在している。

尾川さんには、『人権の始まり—近代日本の人権思想』(部落問題研究所、二〇〇八年三月。『人権二一・調査と研究』に連載された)という著作があり、『明治文化全集』を使った、日本における権利概念の受容過程に関する著作がある。類書が少ないだけに大学の講義などで重宝させて頂いたが、日本における人権思想史の転換点ともなった大日本帝国憲法までの分析となっていて、ちょうど日本近代史の大きな節目となる二〇世紀前後の人権史がえがかれていない。

尾川さんは部落問題研究所が開催した講座で人権宣言がないことが日本近代の特徴とされていたが、人権史を考えるとき、この特徴も貴重な視座になるだろう。その視角に立つとき、「水平社宣言を日本における最初の人権宣言とする言説」に至っては、事実とも異なり、部落排外主義が生み出した主張とさえいえるかも知れない。今回『新版 写真で見る水平運動史』が、一〇〇年に及ぶ、水平運動そして戦後の部落解放運動を、人権・権利獲得運動から捉えた最小の水平運動概説、好著と紹介される由縁である。

現在も部落問題研究所では、尾川さんを中心に「『水平新聞』を読む会」が続けられている。二〇一九年末から始まって五年目をむかえようとしているが、毎回、各号の内容総目次(見出し語)と短い「注目記事・その他」が載った「レター」が発行され、世界文庫『復刻版』と比べてみても、全部の見出し語を記録した資料は未だないようで、新しい「水平新聞索引」ができるかも知れない。地道な基礎作業と史料にもとづきながらの研究課題の論議も続けられるだろうが、まずは、最小の水平運動概説から、人間権を取り戻すたたかいの歴史を学んで欲しい。一読をお勧めする。

(いで こうき・元京都橘大学教員・部落問題研究所研究員)

【書評】

菅野礼司・南原律子著

『物理学の理論的系譜』

（吉岡書店、二〇二三年、本体四〇〇〇円）

稲生　勝

本書は、物理学のほぼ全分野を網羅的に、そして、独自と思われる分野分けで体系的に叙述した概論書と言ってよいと思われる。ただし、偏微分など、大学の理科系の基礎科目レベル以上の数学などの素養を前提にしており、それなりのレベルの本である。評者は、理系大学出身と言っても生物学を背景にしており、読破には結構、苦しんだ。

また、本書には、自然弁証法の語は見当たらなかったが、自然弁証法、あるいは、自然弁証法に関連して議論されてきたことが念頭にはあるように思われた。たとえば、マッハのニュートン批判などの実証主義的な議論への反論などにそれはみられるだろう。

本書の形式面での特徴は、第一に、その分野分けにある（本書の表現を使えば、系列）。物理学を「時空記述の分野」、「状態記述の分野」、「統一記述の分野」に分け、「時空記述の分野」では、力学、電磁気学、相対論などが、「状態記述の分野」では、熱力学、量子統計力学、物性論などが、「統一記述の分野」では、光学・波動論、量子論、素粒子論、宇宙論などが、それぞれ論じられている。古典力学と相対論の間に電磁気学が入るのには、最初、違和感を抱いたが、相対論に至る叙述を読んで、また、相対論の成立過程を考えると納得できた。また、「状態記述の分野」にある量子統計力学の前に量子論が欲しいと思ったが、評者の物理学の知識の不足から来るのかもしれない。

本書の特徴の第二は、各章のはじめに、その理論の成立過程の科学史的な叙述があり、そこには科学者の固有名詞も書かれ、科学者の格闘の様子がわかるようになっている。もちろん、科学史を主題としているわけではないが、例えば、熱学の章では、熱素（カロリック）説克服の過程の叙述などはドラマチックである。

また、理論の成立過程の叙述と関連して、各章の第一節は、「研究対象と研究方法」となっていて、理論の成立過程を踏まえて、何を問題にし、それにどう取り組んだのかがどの分野に関しても描かれている。こうした成立過程や研究対象、研究方法などが最初にあることで、難解ではあるが、理解を助けていると思われる。

第三に、理論の「完備性」にこだわっている点があげられよう。「完備性を備えた理論体系とは、理論内部に矛盾がなく、合理的推論規則に基づく演繹によって、自然現象を正しく説明できる理論体系である」とされ、こうした議論は、力学などではよく主張されるが、本書は、さまざま分野でこの「完備性」にこだわっている。

さて、つぎに内容に関してみていこう。

問題にしたいのは時間の問題である。カントのように、時間、空間を、先験的な主観の直観形式とすることは、相対性理論を考えれば、もう成立する余地はないと思われる（観念論の内部でも、新カント派との対決をテーマにしていた西田幾多郎は、相対性理論を高く評価し、アインシュタインが来日した際には、大いに喜び、アインシュタインに相対性理論へいたるアインシュタインの問題意識を講演してくれるように依頼したと言われる。この講演記録は、これをアインシュタイン自身が語った唯一の記録とされている。安孫子誠也『相対性理論はいかにして生まれたか』講談社現代新書）が、相対論を含めて、時間と空間はどう区別されるべきなのだろうか？　時間、空間をひとまとめに取り扱うのは数学的にはありうるが、つまり、量的にはありうるが、時間と空間は質的には異なるのではないだろうか。時間的前後関係にある二つの事象は、後の事象が前の事象に影響を与えることはできない。

いわゆる不可逆性の問題がこの問題にかかわっている。熱力学は、そこでエントロピーの概念を導入した。本書でも強調されているように、エントロピーの概念は、現象論的な段階の概念であり、本質論的な概念ではない。本書は、本質論的な基礎を分子統計力学、さらには量子統計力学に求めているが、生物学をベースにする評者としては、別の方向の議論をしたい。それは、歴史性の問題である。

歴史性は不可逆ではあるが、不可逆であるだけではない。エントロピーの増大で示される不可逆性は量的な概念であり、歴史性は、質的な発展を表す概念である。たとえば、自然の歴史性を示すものとして、生物の進化を見てみよう。生物の進化は構造の複雑化、環境への適応などの明らかな質的発展を示しているのではないか。

　生物の進化だけではなく、宇宙の進化も考えられるであろう。ここで問題となるのは、エンゲルスも問題提議していたクラウジウスの「宇宙の熱死」である。クラウジウスは、熱力学の第二法則、エントロピー増大の法則に基づき、宇宙は熱の平衡状態、エントロピーの最大値に向かっていき、この平衡状態では、温度差もないし、圧力の変化もなく、すべてがバラバラの宇宙である。エンゲルスがこれに異議を唱えたのは、熱力学の第二法則を正しく理解していなかったからと思われ、しばしば、自然弁証法にネガティブな論者の非難のもととなっている。

　本書は、この点について、最後の「統一記述の分野」の最後の宇宙論の最後で論じている。それは、エントロピーは体積に応じて決まるエントロピーの最大値に向かって、増大しているのだが、宇宙が膨張を続けており、その体積の増大の速さは、エントロピーの増大よりも速いと考えられ、むしろ、エントロピーの密度はさがっているから、宇宙には秩序が形成され続けるというものである。エントロピーは最大値に向かって増大しているのだが、その最大値そのものがエントロピー増大の速さよりも速いと考えられるとしている。

　この議論は、エンゲルスが熱力学第二法則を誤解していたとはいえ、エンゲルスの問題意識の妥当性を示すものとしてふれてもよかったのではないだろうか？　評者としては触れてほしかった（既述のように、本書はエンゲルスや自然弁証法の語は使っていない）。

　エントロピー増大による不可逆性の問題は、宇宙の進化に関して一つ議論ができたとして、しかし、生物の進化、宇宙の進化などの自然の歴史性の問題は、不可逆性だけの問題ではない。歴史性は不可逆であるが、不可逆性は歴史性ではない。不可逆性はある意味量的であり、歴史性は質的な発展だからである。

　不可逆性と歴史性の関係という意味では、評者は、一般システム論やサイバネティクス、散逸構造論などに関心を持っている。

　また、宇宙の進化と生物の進化も区別して論じなければならないのかもしれない。とすれば、物理学書である本書にこの問題をねだるのは、ないものねだりなのかもしれない。これは、背景が生物学である評者が物理学書の書評をするからこその無理な書評としてお許し願いたい。


（いのお まさる・摂南大学・生物学）

【書評】

ルビンシュテイン著／小野隆信訳

『人間と世界』

（本の泉社、二〇二二年、定価二八〇〇円）

吉田章宏

この「書評」では何を記すのが相応しいか、を考えました。そして、老いた私に相応しいのは、本書を丁寧に読み、湧いて来る熱い思いを、率直に書き記すことだ、と気づきました。原著者が、老いて死を目前に、密かに書き遺した〈魂の叫び〉に、ご一緒に、聴き入ることへのお誘い、それがこの「書評」です。

S・L・ルビンシュテインと私

原著者のソビエト・ロシア心理学者（一八八九～一九六〇）を初めて知ったのは、没年の一九六〇年のことで、恩師・波多野完治先生（一九〇五～二〇〇一）を囲む定期的な読書研究会のテキスト独訳書『一般心理学の基礎』*Grundlagen der allgemeinen Psychologie.* Volk und Wissen 1959）の著者としてでした。ジェームズ著『心理学の諸原理』に比肩する名著と知ります。間もなく、『存在と意識』（青木書店）、『心理学』（青木書店）、『思考心理学』（明治図書）の三部作の邦訳が次々に出版。若い私は魅せられて夢中になります。自然科学好きで素朴実在論者の私には、弁証法的唯物論の心理学に違和感は在りませんでした。縁ある若い研究者が集い、無謀にも、主著の翻訳出版を思い立ちます。『一般心理学の基礎』（全四巻、明治図書、以下、「基礎」と略記）の刊行完結は一九八六年でした。刊行に到る紆余曲折の詳細は第四巻「訳者あとがき」に記しました。

「辺境性」と「普遍性」

原著者は、自らの「辺境性」について、「心理学者は自分の学問とは無関係として［私を］哲学者として容認し、哲学者は［私を］心理学者だとみなした」と語った、とのこと（二〇〇ページ、邦訳書『人間と世界』。以下同様）。いわば「辺境」の地・オデッサ出身。「ユダヤ教に属する」。革命前、裕福な法律家の家に生れ育つ。古典語を含む数か国語に親しむ。ヘーゲルに通じ、哲学学位を独逸マールブルグ大学で。文学、絵画、音楽を愛し、自然史、社会学、数学、倫理学、美学も学び、西欧の心理学者とも交流。豊かな学識と教養の国際人です。『一般心理学の基礎』（初版、一九四〇年）は、スターリン賞受賞（一九四二）に輝きます。が、更なる充実を称賛されて然るべき第二版（一九四六年）を迎える情況は一変、一九四七‐八年、「壊滅的な批判と非難が浴びせられ」（二二）、「迫害」を受けます。第二版は私たちが邦訳出版した「基礎」の露語原著です。当時の私たちは、この事情に無知で無頓着でした。「批判と非難」と「迫害」の理由？ それは、「世界同胞主義的、西洋（欧？）に対する敬意、祖国「ロシア」の科学・文化の過小評価」（二二）、「外国心理学の無批判的な引用（コスモポリタリズム）とパヴロフ理論の過小評価」（三～四）の嫌疑とのこと。えっ、これが理由⁉「辺境性」の悲劇？ いや、この悲劇は、九十九匹の「片目猿」の〈辺境の世界〉で、志を貫き孤独の運命に耐えた一匹の「両目猿」の「普遍性」の悲劇だったのではないでしょうか？

悲劇的運命と不屈の精神

悲劇はさらに続きます。出版直前の「新しい書物『心理学の哲学的基礎』の印刷組版が破壊された」（二二）のです。焚書に劣らぬ「激烈な」迫害。「終わりのない粗暴な酷評が始まった」（二二）。その迫害は、彼自身が「すべてのポストから外され」、彼と関係する「他の研究者にも」累が及び、彼の同胞（はらから）の一人はショックで自殺（四）。「一九四九年四月に、モスクワ大学心理学講座の指導任務から……解任する指令書」、「彼が講義を行う講義室の入り口には、《世界同胞主義者、ルビンシュテインを追放せよ！》というプラカードがしばしば掲げられた」（二二）とのことです。「彼の運命の悲劇性は、公式の迫害だけでなく少数の協力者や門下生にくわえて仲間、主導的な心理学者、彼が研究と生活において長年にわたってささえてきた学者によっても裏切られたことに存する」（二二）。当時の独裁者の示唆による、と伝えられる一九五〇年開催の〈パヴロフ会議〉では、公開の場で自己批判を強いられる。その時、彼は既に六〇歳。迫害には「反ユダヤ主義」の影も。その後も「迫害は中止されなかった」（二二）。その情況下の最晩年の一〇年間、彼は研究と執筆の努力を継続します。露語業績一覧の一九五〇年以降を辿ると、弛まぬ努力の跡が偲ばれます。浴びせられた「批判と非難と迫害」に応えるべく慎重に準備して公刊した「三部作」（一九五七～一九五九）には、「迫害」時代を生き抜く智慧と熟慮と熱情が込められていたに相違ありません。その高貴な志、不屈の精神、豊かな叡智に感動します。彼と同時代を生きたロシア芸術家たちにとっての「スターリン権力下におけるモラルの根幹にかかわる『二枚舌』（ないしは面従腹背）」、その必要性と必然性の理解を、亀山郁夫著『磔のロシア』（岩波現代文庫、二〇一〇年）が、助けてくれます。しかし、「二枚舌」さえもまた「権力への公然たる敵対よりも犯罪的とされ」、「タブー行為」だった、とのことです。

時代と情況により変貌するルビンシュテイン

「迫害」の時代を生き抜きつつ、真実の思いを率直に書き記して〈公刊する〉ことは、当時は、不可能でした。このことの理解が、今日の日本読者には必須です。執筆と公刊には、迫害、弾圧、組版破壊、検閲、削除、発禁、……の危険性への警戒が潜んでいた、と想像されます。で、本書にも、複雑な意図と配慮が込められていた、と推察されます。例えば、ショスタコーヴィチ、ゴーリキー、エイゼンシュテインなどの、芸術家たちの場合と同様に、「受難とサバイバル（生き残り）」の苦闘の情況下では、「二枚舌」は必須だったのです。『存在と意識』には哲学者としての、『思考心理学』には心理学者としての、そして、『心理学：原理と歴史』には「心理学の哲学者」としての、それぞれの「主張」と「証」（あかし）が意図されていた、と思われます。特に本書は、著者が、〈必死の思い〉で、後世の人々に伝えるべく書き遺した〈魂の叫び〉です。読者に理解と共感を求めています。ふと閃きました。『経哲手稿』に学んだルビンシュテイン、『心理学の哲学的基礎』の組版破壊の事件での無念を思えば、『人間と世界』は、彼の『心哲手稿』（心理学・哲学手稿）、『人間科学手稿』だったのかも知れない、と。本書は、「人間科学」を目指す唯物論者にも、観念論者にも、豊かな洞察をもたらすことでしょう。

遺著『人間と世界』に表現された「覚りと悟りと願い」

ルビンシュテインの七〇年の生涯の歩みと、研究と実践を通して獲得した学識と洞察を、分かり易く、短く、紹介することは、私には不可能です。本書を直接お読みいただくほかに、道はありません。例えば、『弁証法的＝唯物論的に理解された決定論の原理』のもつ豊かな含意とその射程を解読し理解するには、生前出版の『一般心理学の基礎』と「三部作」に加えて、公刊に死後一三年を要した本書『人間と世界』（一九七三）が必須です。本書には、その解読を助ける重要な「伝記」（一三〜二四）と「学者の運命、彼の最後の書物の運命」（一九九〜二一〇）が収められています。勿論、核心は、二つの部から成る「人間と世界」です。内容目次：第一部、一．存在の哲学的概念。二．存在、実在、生成。三．存在と認識。第二部、一．〝わたくし〟と他者。二．人間生活の存在論。三．生活主体としての人間。四．人間の人間に対する関係（道徳と倫理学）。五．人間的実在の問題と人間の人間に対する愛。六．倫理学と政治、七．人間生活における美的テーマ（モチーフ）。八．人間の存在に対する認識論的関係、以上です。「原注」と、「学者の運命、……」の筆者スラーフスカヤによる詳細な「注釈」が在ります。印象深いことの一つ、第一部の存在論、カテゴリー論の抽象性の高さです。抽象化により生まれる普遍性。検閲への警戒も在ったでしょう。しかし、議論は理路整然です。もう一つは、第二部の新鮮な内容。純粋な人間愛の美しさへの憧れと、虚偽と欺瞞と退廃に対する怒りと悲しみ、です。本書が伝えたかった「覚りと悟りと願い」は何だったか？「混沌と危機に在る諸心理学を統合する〈世界心理学〉」、「唯心論と唯物論」、「実在論と観念論」、「存在論、実存論、認識論」、「人間科学、社会科学、自然科学」、「真と善と美」、「虚偽と欺瞞、抑圧と搾取、の克服」、「真の人間愛の深化と実現」。「止揚」による「弁証法的な統合」が願いだったのです。

自らの生命を危険に曝す言葉

本書には、「危険な」言葉が遺されています。例えば、「ロシア的全体主義体制とドイツ的全体主義体制［ナチス体制］の相異はまた、前者の政治が真の反倫理学的、反ヒューマニズム的本質のごまかし、偽装に向けられていたのに対し、後者の政治が反人間性の公然の表現だったことにある。独裁者の利益が、国民の利益を装った。現在の悲劇は、共産主義的未来の楽天的見通しによって偽装されていた。そして、もっと驚くべきことは、この幻想性が全体として人々に受容されたということである。／現実に代わる虚構を受け入れる人びとのこの心構えを革命の影響以外の何によって説明できるだろうか？」（一七〇）。また、例えば、「人間の本質は社会的諸関係の総体である、これこそが人間学主義の概念上のマルクス主義的克服である。……」「しかし、ある関係における人間のこの概念的特徴づけの人間本質への転化は、マルクス主義の誤りである」（一六七）。この「しかし」以下の文章は、命がけの「吐露」だったに違いなく、反復される言葉「しかし」（一六五～一六七）の含意は微妙で、読者には、熟考と解釈が求められています。

『人間と世界』と『私と世界』

本書の表題『人間と世界』に、シュルツ著『私と世界』を想起しました。唯物論と観念論の対比を、シュルツは、「世界拘束」への傾向と「世界離脱」の傾向の対比として解明しています。「拘束」と「離脱」とは、陰陽勾玉巴（二つ巴）の陰陽の如く、対照的で相補的です。ルビンシュテインは、「悪名高き」「観念論者」フッサール、ハイデガー、サルトル、メルロポンティ、などの諸著作も学び、「止揚（揚棄）」して本書に生かしています。彼は、「観念論者」を常に「批判」しています。「人間と世界」は、「批判する」ことで「知らせ」、「止揚」して「生かす」努力だった、とも読めます。唯物論を学ぶ人々の中には「観念論なんて」と言って顧みない人も居ます。逆に、観念論を学ぶ人々の中にも、「唯物論なんて」と言う人を見掛けます。共に、〈辺境世界〉に安住する「片目猿」の姿です。そうした二つの姿は、若き日の私自身の未熟さと「自己忘却」（フッサールの言葉）の姿に重なります。

『人間と世界』は難解の書

理由は多種多様。「迫害」回避のための抽象化。具体事例の割愛。専門用語。翻訳初版。初心者にとっての難解、など。でも、「難解だ」と直ぐ投げ出す人は、ひょっとすると、物事を学ぶ力が未熟なのかも知れません。遺著『人間と世界』の全文が、ルビンシュテイン自身による校了だった訳ではないのです。最晩年には、「〝非合法〟の問題を」（二〇七）語った文章を、暗号や小文字で手帳に記すなど工夫して極秘裏に書き遺した遺稿です。で、没後、心ある門下生による「テクストの判読」（二〇七）、「解読」作業、を必要としました。同一著作を、「難解」とする読者も、「平易」とする読者も、共に在るものです。弁証法的唯物論の決定論の原理「外的作用は内的諸条件の媒介をとおして作用する」が、この情況の理解を助けます。読書の回を重ね、時を経ることで、読者の「内的諸条件」が熟し、霧が晴れるように悟りの瞬間が突如訪れる事が在るものです。「読書百遍義自ら通ず」の体験の訪れを、お祈りします。

スピノザ、マルクス、ベートーヴェン

この三者を「私のパンテオンである」と、著者は、日記に書き遺していたそうです（二〇四）。「経哲手稿」と「第九交響曲」。で、スピノザ？　運命的な「辺境性」と悲劇的な苦悩と孤独の「生涯と思想」を生きたルビンシュテイン、彼が、――清水禮子著『破門の哲学』（みすず書房）に鮮やかに描かれた――スピノザの「生涯と思想」に抱いた深い共感が、伝わってきます。

一九三四年論文「マルクスの諸労作における心理学の諸問題」（二一一～二四二）は有名な「三四年論文」の邦訳です。訳者による詳細な「コメント」（二四三～二五一）に、「心理学は、人間の精神生活と密接に関連しているが、この精神生活の実際は人間の内面の問題だけに限定されない。人間は外的世界を変革しつつ、同時に自己自身を変革する。人間を包摂する心理学は、他者との交流、現実社会、世界における活動というダイナミズムのなかで研究をすすめなければならない」（二五一）、とあります。簡潔かつ的確、見事です。「訳者あとがき」に、「松野豊先生の霊前に捧げる」との言葉、感動的です。

眉間に刻まれた深い縦皺

ペレストロイカとグラースノスチが叫ばれていた一九九〇年、モスクワ訪問中に、街の書店で、『セルゲイ・レオニードヴィチ・ルビンシュテイン、論文集、追憶、資料』（モスクワ、一九八九年）（二〇九、二一〇）を偶然見つけ、購入しました。その表紙カバーを飾るのは、晩年の肖像写真です。眉間に深い縦皺のある険しく厳しい表情は、最晩年の苦難と苦悩を象徴している、と感じます。が、その彼自身は、あくまで、「愛」に満ちた人間関係、高い倫理性を生きる気高い政治家が統治する国家、「嘘」、「欺瞞」、「抑圧」と「搾取」の無い、平等で自由な明るい社会を、心から望んでいたのだ、と理解し、そう信じます。

如是我聞　妄評多謝

「あなたがこの世にいてくれてよかった」（一五七）　没後六〇年、『人間と世界』を日本語で読むことを可能にして下さった、訳者・小野隆信さんに、そして、出版社〈本の泉社〉の皆さんに、僭越ながら、原著者の「愛の言葉」――小見出し――をお贈りします。

ご出版、「おめでとう」。
ご献身、「ありがとう」。

（よしだ　あきひろ・東京大学名誉教授）

編集後記

本号は、二〇二三年冬から夏の関西唯物論研究会の活動の成果を中心に掲載しています。本号では特集を組むことができませんでしたが、寄せられた論考のテーマから、本号の表題を「現代社会の政治とイデオロギー」としました。

安木論文は、ロシアによるウクライナ侵略の背景として、不凍港を求めるプーチンをとらえています。これと対照的に海洋国との連携を重視したジョチ・ウルスの歴史も紹介しています。

橋本論文は、コロナ・パンデミック下のドイツにおいて、極右や新しい右翼が陰謀論と結びついて台頭している現状と、陰謀論の拡散にいかに対抗するかを論じています。

黒川論文は、一九五〇年代の労働者のサークル運動として、『人生手帖』と「緑の会」に焦点を当てて、『思想の科学』との関係や、当時の創価学会との対比などを行っています。

槙野論文は、長年にわたる高校教育や学習教育運動の経験から、科学のとらえ方や科学的なものの見方の重要性を論じ、その視点から『自然の弁証法』の読み方を提起しています。

読書ノートも、現代政治と日本思想史について論じたものになっています。

長澤読書ノートは、塩田潤氏の著作をとりあげて、危機に直面したアイスランドにおける社会運動と政党との関係について、紹介とコメントを行っています。

村瀬読書ノートは、鯵坂真氏の日本唯物論史をとりあげて、その通史としての意義や啓蒙書としての特徴を論じるとともに、理論的な論点を提示しています。

書評は、会員の著作二冊と翻訳書一冊について掲載することができました。

（Ｍａｋ）

唯物論と現代　第六八号
現代社会の政治とイデオロギー
二〇二三年一二月二〇日発行
編　集　関西唯物論研究会
発行人　伊勢俊彦
発行所　図書出版　文理閣
〒600―8146
京都市下京区七条河原町西南角
電　話　075（351）7553
ＦＡＸ　075（351）7560
ISBN 978-4-89259-948-4